ちくま新書

ルポ 特殊詐欺

田崎 基
Tasaki Motoi

1691

JN042360

ルポ　特殊詐欺【目次】

はじめに

新聞社の報道部に身を置き、事件の取材をしている。事件は発生の第一報から、逮捕、送検、起訴、公判と続き、判決が下される。

凶悪な緊縛強盗致傷事件を引き起こした男が、実は特殊詐欺《さぎ》の末端を担当していた男で、やがて組織に追い詰められ、やむにやまれず犯行に及んでいたこと。その詳細な組織とのやりとりを知ると、事件のありようは全く違って見えてくる。一人の悪人が起こした凶悪事件という一面的な評価から、社会構造を背景とした究極的な事案なのではないか。あるいは、組織構造を俯瞰すると、弱者が弱者を叩き、虐《しいた》げ、脅迫することで起こされ、その最下層の男による犯行だったのではないか。

こうして一つの事件が、多面的、多層的にみえてくる。

警察庁が「特殊詐欺」を類型化し捕捉したのは2004年のことだったという。年間2

00億～300億円の被害が続き、2009年に社会問題化され摘発が一気に強化され、同年の被害額はいったん年間100億円まで減少した。だがその後再び急増し、2014年に年間565億円のピークに至った。この年の1日当たりの被害額は1億5000万円超に上った。摘発の強化や啓発活動に力を入れ2015年以降は漸減が続いているものの、近年減少が鈍化、2021年は前年比1・1％減（282億円）と微減にとどまった。

特に顕著なのが、古典的な手口の復活だ。親族を名乗り「金が必要になった」と騙《だま》す「オレオレ詐欺」は前年同期比19・1％増の1695件、税金や保険料が戻ってくると嘘の電話をかけコンビニATMへ行かせ金を振り込ませる「還付金詐欺」が同18・3％増と拡大した。一方で、摘発人数は2・7％減の1061人だった。このうち暴力団関係者は14・8％。全体の65・8％は被害金を受け取る「受け子」だった。

2003年から21年までの累計被害総額は5743億円。減少傾向に歯止めがかかり、22年上半期（1～6月）の被害額は148億円に達し、上半期ベースで8年ぶりに増加に転じた。犯行グループの連絡手段は巧妙化、さらに強盗や傷害、殺人未遂事件を引き起こすなど粗暴化に驚愕する。特殊詐欺を取り巻く状況は年々深刻化していると言っていい。

「特殊詐欺」とは、警察庁の定義によると「被害者に電話をかけるなどして対面すること

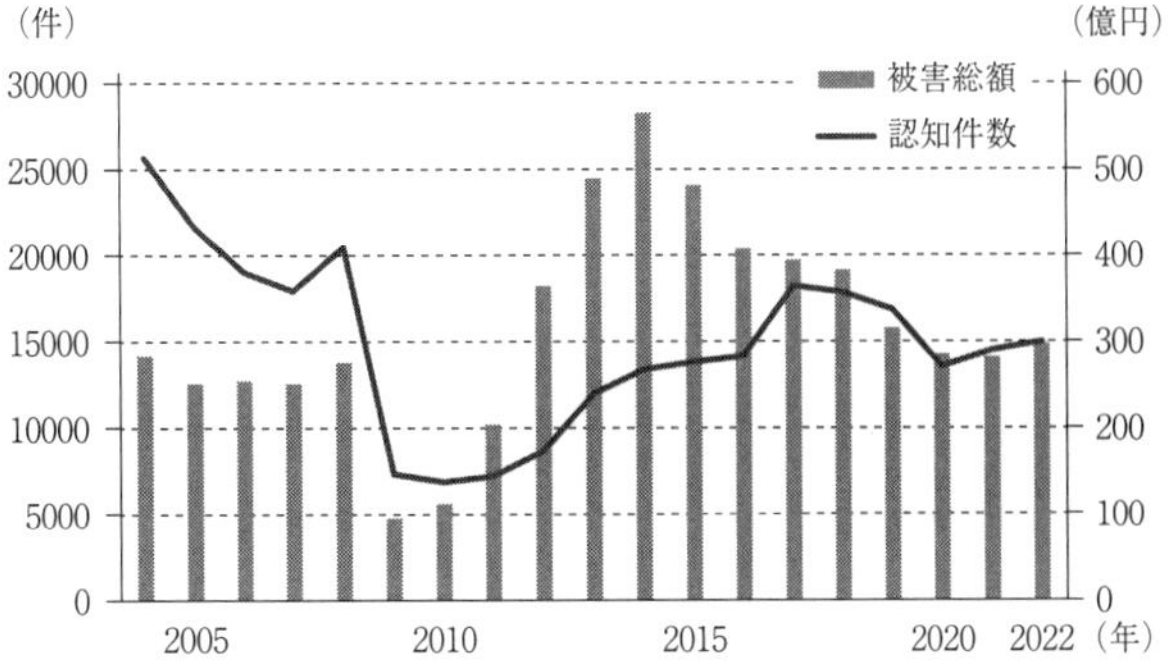

特殊詐欺の認知件数と被害総額の推移。警察庁の発表資料から作成。2022年は上半期（1～6月）の実績が続いた場合の数値

なく信頼させ、指定した預貯金口座へ振込みその他の方法により、不特定多数の者から現金等をだまし取る犯罪（現金等を脅し取る恐喝も含む）の総称」とされる。その類型は大きく9つに分かれる。

①「オレオレ詐欺」
②「預貯金詐欺」
③「架空料金請求詐欺」
④「還付金詐欺」
⑤「融資保証金詐欺」
⑥「金融商品詐欺」
⑦「ギャンブル詐欺」
⑧「交際あっせん詐欺」
⑨「キャッシュカード詐欺盗」

　このうち、②「預貯金詐欺」は、「キャッシュカードすり替え型」とも言われ、警察官などを騙《かた》って高齢者宅を訪れ、2枚用意した封筒を巧妙にすり替えてキャッシュカードを盗む手口で、2020〜21年にかけて急増した。被害者宅を訪問することから、末端の犯人逮捕が相次ぎ、2022年には減少し、一方で、同年当初から被害者と犯人が対面することなく金を振り込ませる④「還付金詐欺」が急増している。

オレオレ詐欺や預貯金詐欺では、被害者宅を訪れてキャッシュカードや現金を受け取る役割を担うのが「受け子」と呼ばれる。騙し取られたキャッシュカードを使ってATMから現金を引き出すのが「出し子」。受け子、出し子を合わせて「UD」と言ったり、受け子を「一番」、出し子を「二番」と呼ぶ詐欺グループもある。

本書は、犯人の側から事件をみたルポルタージュとして書いた。事件発生の初報や容疑者の逮捕、被害者の苦痛や被害を食い止めたコンビニ店員の話は多くのメディアで報道されているところだが、「犯人側からの視点」や「事件の詳細」「背後関係」について、事細かく書かれたものはそう多くない。刑事事件の取材を重ねる中で、特殊詐欺事案が複雑怪奇にして重層的であること、その被害額の大きさと社会に生じさせる害悪の根深さに受けた衝撃が、執筆の動機だ。特に犯人の側から取材を進めることで、これまで明らかにされてこなかった犯罪グループ側の構図や、追い込まれていく組織の末端のありように迫ることができた。

読み手によって受け止め方はさまざまだろう。そうあってほしい。一面的な見立てを押しつけるつもりはない。ただそこには、特殊詐欺という犯罪類型の異常性と特殊性、さらには社会問題を背負い込んでいるという「構図」が際立つはずだ。

私たちの社会が対峙している「特殊詐欺の害悪」は根深い。本書を読んだ後に、いまも身の回りで日々絶え間なく起きている被害と加害に思いを巡らせてもらえたら、それが抑止の一助になるに違いない。

本書は、特殊詐欺グループ関係者や容疑者、被告、捜査関係者、訴訟関係者への取材のほか、刑事裁判における公判資料や公判廷での被告人供述、証人供述などの取材を元に構成しています。

第一章
暗躍する捨て駒たち

特殊詐欺事件に関与し執行猶予中の木村（仮名）。ことごとく証拠隠滅する手法を明かした

「手っ取り早く稼ぎたかった」。多くの特殊詐欺犯は逮捕後に言う。

ツイッターで「高収入バイト」「闇バイト」などと検索し、詐欺グループと接触する。動機は、軽率にして浅薄。しかし一度手を染めると、詐欺グループは放っておかない。「逃げられると思うなよ」。やがて詐欺グループからの指示は、命令に変わる。脅され、追い詰められ、逃げ場を失った末端は、凶行へと突き進んでいく。

1　追い詰められる末端【出し子＝川上博】

男は、死を覚悟するほど追い詰められていた。

「もう逃げられない。死ぬしかない。あいつを殺して、俺も死ぬ……」

川上博（仮名、逮捕当時28歳）は、属していた特殊詐欺グループから多額の現金を要求され、精神的に追い込まれ、心理状態は極限に達していた。

†「出し子」の仕事と報酬

不正に入手した他人名義のキャッシュカードをATMから引き出す「出し子」として詐

欺グループの末端を担い始めたのは、2020年1月ごろのことだった。キャバクラでボーイをするなどして一定の収入はあったが、借金の返済や家賃の支払いが滞り始め、手っ取り早く金を稼ぐ必要があった。反社会的勢力とつながりがあると噂されていた知人の男に相談すると、ある「仕事」を紹介された。

指示されたコインロッカーに行く。中には他人名義のキャッシュカードと暗証番号のメモが一緒に入っている。指示に従いコンビニや金融機関のATMで10万、20万と小分けにして引き出し、1日の出金上限額を探る。いわゆる「出し子」の仕事だ。

川上は言う。

「仕事は月に10回あるかないかでした。多い時は1週間に6回ほどやった」

詐欺グループが「売上」と呼ぶ被害額のうち、1・5％を川上は「報酬」として受け取っていた。100万円の被害で取り分は1万5000円。危ない仕事だと分かっていた。

だが、リスクと見合わぬ報酬に「やめたい」と思ったときには、既に遅きに失していた。

†のまれた通帳

出し子の仕事を1カ月ほど続けたころのことだった。いつものように指示に従い、他人名義の通帳を金融機関のATMに滑り込ませた。だが、出てこない。通帳がATMの中から戻ってこないのだ。

「のまれた……」

川上はひどく焦った。ATMを繰り返し操作したり、周辺をうろうろしたり、指示役に状況を連絡しようとしていると、背後から声を掛けられた。

「これ、あなたのじゃないよね?」

ATMに飲み込まれたはずの預金通帳を手にしていたのは、警察官だった。

「既に被害届が出された通帳だったのかもしれない」「警察へ通報されたのか」「どうすれば」――平静を装う川上の脳裏をさまざまな思いが駆け巡る。

とっさに嘘が出た。

「拾いました」

その場は、始末書のようなものを書くだけで逮捕されることはなく、乗り切ることができた。

窮地を脱した川上は思った。「これは、もしかしたら詐欺をやめるために、うまい口実になるのではないか」。報酬は微々たるものなのに、逮捕されるリスクは大きい。犯罪行為をやっているという自覚は十分にあった。警察に目を付けられている出し子ならば、逮捕される可能性は高い。そんなやつは使えないはずだ。詐欺グループがそう考えて、「お前はもう使えない」と考え、切られるのではないか。そんな考えが頭を満たした。

現実はしかし、甘くなかった。

川上が、詐欺グループの指示役に、通帳がＡＴＭに飲み込まれ警察官から職務質問を受けた顚末を伝えると、数日間連絡が途絶えた。そしてしばらくすると、川上のスマートフォンが鳴った。

指示役の男は言った。

「１０００万円出せ。出せないなら詐欺を続けて全額返済しろ」

†「もう死ぬしかない」

川上が詐欺グループから要求された「１０００万円」の根拠はこうだった。

詐欺の電話をかける「かけ子」の拠点が海外にあり、川上が職務質問を受けた一件が引き金となって、引っ越し費用がかさんだ。さらに、詐欺電話に使う他人名義のいわゆる「飛ばし携帯」を全て入れ替えた。これらの作業に時間がかかり、一定期間詐欺行為ができず「売上」が吹き飛んだ。こうした損害の合算だ、と。

「もう逃げられない」

川上はそう思い詰めた。詐欺グループの説明のどこまでが本当の話なのか、川上にとっては確認のしようがないのだが、川上が信じるに至る決定的な理由が別にあった。

指示役の男が電話で口にした警察官の名前だ。

金融機関のＡＴＭの前で川上に声をかけ、事情を聞いてきた警視庁の刑事の名前と、指示役が言った警察官の名前が一致していたのだ。指示役の男は、その警察官が所属する警察署まで特定して言い、川上にこう告げた。

「俺たちは警察の内部にもつながっている。全部分かっている。嘘をつくな。逃げられると思うなよ」

詐欺グループからの大量の着信が続き、おびえ、震えた。

川上は徹底的に追い込まれ、思い詰め、そして意を決する。もう死ぬしかない。あいつを殺して、自分も死のう。

「あいつ」とは、川上に仕事を紹介し詐欺をやるよう引き入れた男、カサギ（仮名）だ。

「報復してやる」

川上は、刃の長さが15・５センチもある両刃のサバイバルナイフと、特殊警棒、催涙スプレー、さらにはスタンガンまで用意して、家を出た。

巡査の事件

指示役の男が言った「警察官の中にも俺たちの仲間がいるんだ」という話を川上が信じたのは、全く根拠のない虚言とも言い切れない。警察官が特殊詐欺に手を染めているケースがゼロではないからだ。神奈川県警には、捜査関係者が唇をかむ「事件」がある。

２０１９年10月。神奈川県警第１交通機動隊に所属する巡査、鏑尾《かぶらお》直之（仮名、当時24歳）が逮捕された。容疑は、高齢者宅を訪問しキャッシュカードをすり替えて盗む手口による窃盗罪だった。鏑尾は逮捕直後から「間違いない」と容疑を認め、「警察官にもかかわらず犯罪を起こし、本当にすみません」という趣旨の話をしたという。鏑尾は盗んだキャッシュカード２枚を使ってコンビニＡＴＭから計１００万円を出金していた。「ギャンブルで３００万円ほどの借金があった。返済額が膨らみ短期間で金になる仕事を探し、闇サイトで犯行グループと接点を持った」などと供述し、「ほかにも同様の行為を６回くらいやった」とも話したという（神奈川新聞２０１９年11月22日付22面）。

鏑尾は最終的に、同年9月28日から10月28日にかけて、神奈川県内に住む男女7人の自宅に、警察官を名乗って訪問し、キャッシュカード計27枚をすり替える手法で盗み、これらの口座から総額約1600万円を引き出したとされ、起訴された。横浜地裁は2020年4月、懲役5年（求刑6年）の実刑判決を言い渡した（神奈川新聞2020年4月9日付22面）。

こうした「本物の警察官」が特殊詐欺に関与しているケースは、そう多くはないものの実際に起きている。犯行グループは、末端の受け子や出し子の素性を分かった上で仕事をやらせているケースが大半で、面接している場合も少なくない。川上の事案で、「警察の中にも仲間がいる」という言葉がどれだけ内実を伴っていたか定かではないが、特殊詐欺の犯行グループの内部に現職の警察官が一端を担っているケースは確かに存在するのである。

†暗転した人生

川上が5歳の夏のことだった。幼い川上は児童養護施設に入った。実父との生活の記憶はない。

「母は暴力団の男と交際していて、その男が私を殴る蹴るの日々でした。母がその暴力を止めることもありませんでした。強く「やめろ」と言えば、母も男から殴られるからです」

中学2年になると神奈川県内の自立支援施設へと移った。

「5歳から18歳まで、本当にいろいろな人間にいじめられてきました。施設の職員から虐待も受けました。農作業の際に職員から農具で殴られたこともありました」

中学を卒業し、働ける年齢になると、ハローワークへ足を運んだ。ファッションに興味があったことから、美容師を目指した。東京・品川の美容室で勤務し、自活を始めた。

順調に始まったかのようにみえた若者の生活はしかし、暗転する。18歳の時に横浜のホストクラブで働き始めたのだ。カサギと出会ったのはこのころだった。美容師からホストへの転職は、カサギに引き込まれたからだろうか。当時、カサギはホストのスカウトをやっていた。その後数年間で川上は、ホストから居酒屋、清掃業などへと職を転々とした。カサギを通じて知り合った女性と交際を始めたのは2018年の冬ごろ。すぐに同居を始めた。だが、詐欺グループから1000万円を要求された数カ月後、交際相手は同居するアパートから姿を消した。川上は金銭的にも精神的にも追い詰められ、自暴自棄になっていった。

特殊詐欺の一端を担い始めて、半年足らずだった。

†交番へ自ら

「自首したいんですけど」

2020年5月。日付が変わって間もない午前3時ごろ、都内の無人交番にふらりと姿を現した男は、パイプ椅子に腰掛けると、卓上の受話器を手に取り、まくしたてるように話し始めた。

「人を刺して逃げてきました。川上博です。（犯行は）午前1時くらいだと思います。はい。（被害者は）元カノです。最初は別の人間を殺そうとして……。いや、自首です。特殊警棒とナイフ、催涙ガス、スタンガンは現場に落ちていると思います。えーと、違いますね。とりあえず僕のことを捕まえてくれないですかね。ええそうです。殺そうとしたわけです。なんで殺そうとしたかというと……。それは後で話します。全部話します」

間もなく、赤色灯をつけた複数台のパトカーが交番前へ到着した。

「危ないもの、持ってない？」と声をかけながら警視庁の警察官が川上の身体を確かめ始めた。

交番に駆け込む3時間ほど前――。

川上は特殊詐欺の「仕事」を紹介したカサギを殺そうと、JR横浜線・淵野辺駅からほど近いマンションへと向かった。待ち伏せしていると、2カ月ほど前まで一緒に暮らしていた元交際相手の女性を見つけた。女性はカサギが経営するマッサージ店に身を寄せていたのだ。川上は女性をスタンガンで脅し、マッサージ店があるマンションの一室に向かった。

だが、命を狙ったカサギが見当たらない。川上は室内にあった売上金2万円を盗み、さらに女性を脅し6万円を奪った。女性が隙を見て廊下に逃げ出すと後を追い、女性の側頭部に大型のサバイバルナイフを突き立てた。

マンションの廊下に女性の悲鳴が響きわたる。血しぶきが廊下の壁に大きく飛び散った。ナイフは顔の左側を耳元まで切り裂き、頭蓋骨を貫通した。先端は脳にまで達していた。騒ぎを聞きつけた住人らが廊下に出てきた。左側頭骨を折る重傷を負った女性だったが、別の部屋へ逃げ込み、一命を取り留めた。

2020年5月の逮捕から9カ月後。川上の姿は横浜地裁の法廷にあった。満員の傍聴席に目をやることもなく、うつむきながら上下灰色のスウェット姿で入廷した。証言台に立ち、気だるそうにうつむいた。

検察官が公訴事実を読み上げ、裁判官から「間違っているところはありますか」と問われると、川上は「犯罪の内容で異なるところはありません」と答えた。

裁判では、20年1月ごろから手を染めた特殊詐欺事件の窃盗罪と、元交際相手の女性に対する殺人未遂罪に問われ、検察側は懲役12年を求刑した。裁判長から「最後に言いたいことはありますか」と促され、川上はこう語った。

「被害者やその家族の方々に許してもらえるとは思っていません。償いにならないかもしれませんが、与えられたこととして、刑を全うします」

横浜地裁は懲役10年の実刑判決を言い渡した。

2　転々とする詐欺拠点【かけ子＝木村航】

青森、福島、群馬、新潟――。

「ずっと高速道路を走り続けるんです。そうすると、警察は電波を追えないから。たまにスマートフォンのＳＩＭカードを川に捨てて、入れ替えて痕跡を消していきます」

木村航（仮名、逮捕当時22歳）は、２０２１年、特殊詐欺の指示役として窃盗と詐欺の罪で逮捕・起訴され、懲役３年執行猶予５年の判決を受けた。

†「かけ子」の巧妙な手口

逮捕、起訴されなかったが、実際には指示役だけでなく、詐欺の電話をかける実行部隊「かけ子」にも手を染めていた。淡々と具体的な手口を明かす。

「黙々と電話をかけ続けるのです。まるで普通の営業電話の仕事みたいですよ。３列シートのミニバンの中で、互いの声が聞こえないようにそれぞれ列に分かれて「作業」します。だいたい３人１組で、「班長」と呼ばれるまとめ役の指示に従います」

高速道路を走り続け、夕方になると地方都市のビジネスホテルに偽名で泊まる。月曜日から金曜日まで移動し続け、電話をかけ続ける。土日は自宅へ帰り、月曜日にまた集合し車に乗る。

「約3カ月間、毎週やり続けて報酬は総額500万円ほどでした」

捜査の網から逃れようとあの手この手を駆使し、証拠もことごとく隠滅していく。被害者宅を直接訪問する「受け子」やATMで現金を引き出す「出し子」といった実行犯の逮捕は捜査の端緒となることが多い。もう一つの大きな切り口となるのが、この被害者宅に嘘の電話をかける「かけ子」の拠点摘発だ。

嘘の電話は、詐欺グループにとって犯行の軸となる重要な中枢機能であり、かつ捜査機関にとっても最も叩きたい拠点と言っていい。だからこそ、捜査の網をかいくぐる方法が次々と編み出されていく。

捜査関係者はこぼす。

「車のほかに、ホテルやウィークリーマンション、別荘地のコテージなどでも行われている。いずれも短期間で転々としていく。発信源を突き止めて、追い掛けてガサ（強制捜査）に入っても、既にいないというケースが大半です」

†紹介した「仕事」

　木村は、10代半ばから窃盗や詐欺を重ねてきた。バイク盗を繰り返し、15歳の時に初めて補導され、書類送検された。高校生になると間もなく、特殊詐欺の「受け子」を始めた。ほかにも無銭飲食、詐欺、窃盗。鑑別所を出て1年足らずで再び逮捕され、少年院に送られた。しかし罪の意識は、限りなく薄かった。

「外に出れば、先輩や後輩がいるし」と笑う。

　さらに犯罪を繰り返した。

　暴行、傷害、略取、監禁。再び逮捕・送検されたが不起訴になった。半年ほど前、特殊詐欺の指示役として有罪判決を受けたのは「脇が甘かった」と苦笑いを浮かべる。

　逮捕のきっかけは、地元の後輩からの相談だった。

「金が必要なんです。『仕事』を紹介してもらえませんか？」

　木村は、特殊詐欺の受け子と出し子を兼務する「仕事」を紹介した。

　通常、受け子や出し子の勧誘は、ツイッターなどのＳＮＳを通じてリクルートし、指示役や詐欺グループのメンバーが直に接触することはない。末端は逮捕されやすく、捜査の手が及んでくるリスクが高いからだ。だが、木村のように地縁がきっかけのようなケースでは、逮捕された末端が取り調べに対し、紹介者を口にすれば、あっけなく身柄を押さえられる。

木村は、心を許した後輩の依頼に応じたことを悔やむ。「しくじったって感じ。まぁ、起訴猶予になりましたし。次はパクられないようにしますよ」とまた苦笑いを浮かべた。

「後輩に紹介したのがどの詐欺の案件だったか？　そんなのもう忘れましたね。俺も、（組織の）上の人から「一番、二番を用意できるか？」と言われただけだし」

木村はあっけらかんと言ってはばからない。

「一番」とは、被害者宅を訪問しキャッシュカードや現金を受け取る「受け子」。「二番」がその被害品を一番から受け取り、キャッシュカードの場合はＡＴＭから現金を引き出して回収役に渡す「出し子」。その現金を回収したり運搬したりするのは「三番」、あるいは「ライダー」などと呼称されている。

特殊詐欺の指示役だった木村は、一〜三番などを手配し、別の詐欺グループが被害者を騙した詐欺の案件と結び付ける手配役を担っていた。

逮捕された実行犯の後輩が木村との関係や居所を供述したのだろう。ある日、数人の警察官が自宅にやってきた。室内には「三番」から受け取ったばかりの札束が袋に入れられ、置いてあった。

使われるリスト

木村は2年ほど前、嘘の電話をかける「かけ子」をやった。その世界では「プレーヤー」と呼ばれる。

「上の人」から指示を受け、木村は関東地方の、あるターミナル駅に向かった。言われた通りの場所へ行くと、初対面の男が待ち受けていた。男はワンボックス車を指さし、「これに乗って」と言った。

「乗り込むと、スマホを渡されました。その画面には個人名、住所、電話番号が記載されたリストが表示されていました」

リストのヘッダーには、誰もが知る健康食品の商品名があった。テレビCMなどで大々的に広告が打たれているあの商品だと木村はすぐに分かった。そしてそのリストが、その健康食品の購入者一覧表だと気付いた。ほかにも、ある雑誌の購読者リストや、通販商品の購入者リストなど、さまざまな「リスト」が手元に送られてきた。

木村を含め乗り込んだのは3人。車が走りだした。

「その日に電話する相手は既に絞り込まれていました。対象者の住所の近くに「一番」「二番」を配置しておくわけです。その調整を担当していたので、全体像は分かります。騙す電話の会話が始まるのと同時並行で、現場の一番、二番の人間を適宜、動かしていました。そうした細かい手配は車の中のまとめ役である「班長」が担当します」

†決まらぬ一番、二番

「かけ子はきついからもうやらない」

数々の特殊詐欺の現場を踏んできた木村は、淡々とした口調で語る。

「かけ子をやることを「ハコヅメになる」って言うんですけど、短期間でも数週間は拘束されるし、やっぱり高齢者を騙すので、普通に心が痛みますよ」

かけ子をやった3カ月間で数千万円規模の被害を生み出し、約500万円の報酬を手にしたという木村。かけ子の罪では木村に捜査の手は及ばなかったが、その時に直接の実行犯として動いた「受け子」と「出し子」が逮捕された。

「知り合いでもない受け子だったので、別になんとも思いませんけど。ただ、最近は末端が次々と逮捕されてしまうので、一番、二番が決まりにくくなっています。人が確保できなくて、案件が刺さっている（騙された人はいる）のに、流れる（実行できない）ケースも少なくありません。売上（被害額）は確実に落ちてるので、別の稼ぎ（詐欺）が生まれるでしょうね」

どこか他人ごとのように話し、「俺はもう真面目に稼いでますから」と笑う木村。その手は、3台のスマホを器用に操っていた。合計7台を「いまは」使っているのだという。自分名義のスマホは1台で、ほかは全て他人名義の「飛ばし携帯」か、プリペイド式のSIMカードが入れられているスマホ。会話をしながらも指先は絶えず動き続け、「誰か」とのやりとりが途絶えることはなかった。

3　口開け待つ犯罪の罠【受け子、出し子＝上原通雄】

その事件は、神奈川新聞紙面の片隅にベタ記事の1本として掲載されていた。

〈逮捕容疑は、氏名不詳者らと共謀して80代の無職女性からキャッシュカード数枚をすり替えて盗み、うち1枚のキャッシュカードで現金約30万円を引き出して盗んだほか、女性

から現金百数十万円を手渡しで詐取した、としている〉

横浜市中区にある金融機関のATMの前で現行犯逮捕されたのは上原通雄（仮名、逮捕当時24歳）。起訴された事件は4件だったが、上原はその他にも関わった全ての犯行を自供した。わずか半年で被害者は十数人を数え、盗んだキャッシュカードは約40枚、被害総額は1000万円を超えた。受け子と出し子の両方を担った上原の報酬は1回1万円。約20回の犯行で得たのは20万円ほど。2021年5月、上原に懲役3年6月の実刑判決が言い渡された。

†「闇バイト」の実相

きっかけは「手軽なアルバイト」だった。ツイッターに投稿された「闇バイトしませんか？」に反応した上原は、甘い話を軽信した。ツイッター上の機能の一つである、ユーザー同士が直接連絡を取り合えるダイレクトメッセージ（DM）で、その投稿者と直接連絡を取り合った。その後のやりとりは、より秘匿性が高く、メッセージが設定した時間で自動的に消えていく通信アプリ「テレグラム」へと移行した。通信先の相手は、誰だか分からない「氏名不詳者」だ。

最初に指示された「闇バイト」は実に簡単なことだった。自分のスマホを1日貸すだけで1万円がもらえるのだという。

「ゲームイベントで大量のスマホが必要だから」との説明だった。言われるがままに運転免許証の写真をテレグラムで送った。指示されたコインロッカーにスマホを入れ、数日後にロッカーに行くとスマホの返却とともに、現金が入れられていた。

「（本当に）もらえるんだ……」。現金を手にした上原は、相手を信じ切った。

しかし「たやすいバイト」を1～2回こなした時点で、事態は一変する。指示役の態度が豹変した。

「今までやったバイトは詐欺だから。バラされたくなかったら、今から送るマニュアル通りにやれ」

†「ネットに晒すぞ」

最初に指示されたのは「出し子」だった。すぐに「受け子」もやるようになった。指示されたコインロッカーから他人名義のキャッシュカードを取り出し、指示されたATMで現金を引き出す。手口の流れからして、ニュースでよく報じられているもので、明らかに特殊詐欺と分かった。このままではいつか逮捕される。もうやめたい。そう思ったが、真剣に考えたときにはもう、遅かった。

「言うこと聞けないなら、ツイッターでお前の免許証の写真を晒《さら》すよ」

実際、ツイッターにはそうした写真が投稿されていた。晒されたツイートには「こいつ詐欺の犯人です」などと説明文が添えられ、免許証を顔の横に示した自撮り写真が掲載されていた。

「どうすればやめられるのか……」。苦悶を抱えつつも、上原は指示に従い続け、神奈川、東京、千葉、茨城と関東各地で犯行を重ねた。

「現金の受け渡し場所は決まって公園とかにある公衆便所でした。個室に入り、ノックを待つんです」

顔も名前も分からない「氏名不詳者」がやって来る。「テレグラム」に届く指示通り、個室ドアの下から現金入りの封筒を差し出すと、すっと引き取られた。

上原は、何回目かの現金授受を終えた時、「これ以上犯罪に関わりたくない。最後にしよう」と意を決した。1回1万円という報酬は、逮捕される危険性と比較しても全く割に合わないのは明らかだ。指示役の男に「もうやめたい」と電話で伝えた。

すると、公衆トイレを出たところで見知らぬ男に、背後から突然、頭を殴られた。男が走り去る。

すぐに着信がきた。

「これで分かっただろ。逃げられると思うなよ」

†犯罪意識の希薄化

「闇バイト」を入り口に詐欺という「仕事」を軽い気持ちで始めさせ、やがて莫大な被害を生み出す。組織的「特殊詐欺」の片棒を担がせる犯行グループの手口に特徴的なのは、関わる人間を互いに分断し、手順を複雑化させている点だ。

末端の受け子や出し子が手にした現金やキャッシュカードは、面と向かって受け渡すことなどしない。授受の場所として使われやすいのは暗証番号式か二次元コード式の「キーレスコインロッカー」や、公衆トイレだ。この「分断策」について捜査関係者はこう説明する。

「証拠を残さないことで捜査網から逃れるという目的だけではない。個々の犯人たちの「犯罪意識」を希薄化させる効果がある」

「騙したのは俺じゃない」「金を取ったのは俺じゃない」「運んだだけだ」「俺は人を手配しただけ」

特殊詐欺に関わったとして逮捕された容疑者が決まり文句のようにこう言い訳する。しかし、そんな言い訳は通用しない。刑法第60条（共同正犯）は、「二人以上共同して犯罪を実行した者は、すべて正犯とする」と定める。詐欺行為の一端を担っただけだとしても、共同正犯となれば、自ら実行しなかった行為から生じた結果についても、全責任を負わされる。それが「共同正犯」だ。末端の上原もまた、受け取った報酬だけでなく、被害額全てについて起訴事実として問われ、懲役3年6月の実刑判決を受けた。

†マニュアル

「闇バイト」を始めた上原の元には、指示役の男からいくつもの「詐欺マニュアル」が届いた。絵や図が多用され、丁寧に分かりやすく解説されていた。

キャッシュカードのすり替えでは封筒を2つ用意し、一方にはポイントカードなどのダミーを入れておく。被害者のキャッシュカードを預かり、空の封筒に入れて封印した後、隙を突いて重ねた2枚の封筒をひっくり返してすり替える——。そのほかにも「明るく

「こんにちは」と挨拶」など、具体的な会話例まで記載されていた。マニュアルの末尾にはポップな字体でこう書かれていた。

「元気！　笑顔！　この2つだけでお年寄りはあなたを信用します！」

4　「頂点」と呼ばれた男【主導役＝赤城茂】

「警察としては、首都圏を中心に発生した約140件の特殊詐欺で、グループの頂点に立つ男だとみています」

捜査関係者がそう語るのは、2020年10月に逮捕された赤城茂（仮名、当時35歳）のことだ。神奈川新聞紙面の見出しにはこうある。

〈被害1・9億円　詐欺主導か〉

赤城を頂点に2人の指示役、その下に数多くの回収役や受け子、出し子で組織されていた。嘘の電話をかける拠点は中国に設けられ、特殊詐欺を繰り返していたと県警はみている。

†最上位者として

「赤城の上には誰もいない。トップです」。捜査関係者の手元には、赤城を頂点に何人もの配下がぶら下がっている顔写真入りの相関図が置かれていた。

2021年5月の初公判。赤城の姿は法廷にあった。上下黒のスーツに手錠と腰縄。半年余り拘束されていたためか、髪の毛は肩まで伸び、金髪は途中から黒髪になっていた。

起訴分だけで被害者は5人、被害額は約2000万円に上る。公訴事実が読み上げられ、裁判官から認否を問われると、「間違いありません」と答えた。

「被告はグループのまとめ役として片岡武史（仮名）や照屋竜（仮名）に指示を出し、主に片岡および照屋が、受け子など実行役に具体的指示を行うことで各犯行が行われていた」

検察官が立証を目指す犯罪事実を告げていく。

「被告は本件のいかなる場面においても詐欺グループの最上位者として主導的な立場にあり、被告が果たした役割は重大である」

そして検察官は「高度に組織化され用意周到に計画された上でなされたもので、その手口は高齢者の心情や隙につけ込む巧妙かつ卑劣なものであり、悪質極まりない」と断じ、特殊詐欺事案としては相当重い「懲役12年」を求刑した。

†私は「中間管理職」

初公判で犯行事実を全面的に認めた赤城だったが、被告人質問で本人が語った事件の全容は全く様相を異にするものだった。

「いま、（裁判で）私のことを組織のリーダーのように言われていますが、そうではありません。私は中間管理職のような立場でした」

小規模な建設業を営んでいたという赤城は、特殊詐欺を始めた理由をこう説明した。

「会社を経営していて、事業の資金繰りに困窮するようになりました。従業員の給料が支払えず、携帯サイトで高金利で違法な消費者金融から数十万円を借りました」。このときの相手は「アサノ」を名乗る男だったという。

「その金は返済しました。その後、金が入り用だという私の知人を、アサノに紹介したのです。すると、その知人がアサノから金を借りて逃げてしまったのです。どうなっているんだとアサノから問われ、私は「すぐには返せない」と言うと、アサノから「仕事をして返済しろ」と言われました」

　赤城はアサノからの指示を受け、「テレグラム」を使って、アサノが仕切っている配下のメンバーに、被害者の住所やキャッシュカードの暗証番号を伝えるようになった。最初は、アサノからテレグラムのチャットに参加して、その流れを見ているように言われ、おおよその手口が分かると、指示役を担当するようになったのだという。

　およそ1年半前の出来事にもかかわらず、具体的な顚末を流暢に語る赤城だった。だが、検察官からアサノの正体について問われると、赤城はこう答えた。

「全てテレグラムで連絡し合っていて、アサノに会ったことはありません」

†たたき上げ系

「赤城グループは、他と違って特殊なんですよ」

　捜査関係者はそう指摘する。赤城は、首都圏を中心に約140件の特殊詐欺事件を主導し、被害額は1・9億円に上るとされる。

　特殊詐欺グループの多くは、捜査の網をかいくぐるため共犯者とは直接会わず、テレグラムなどの秘匿性の高いメッセージアプリで連絡を取り合って犯行を完遂していく。

ところが、赤城グループは違った。配下のまとめ役とされる片岡武史（仮名、当時27歳）と共に、スノーボード旅行に出かけたり、居酒屋で酒を酌み交わしたりするなど親密な関係を持っていた。

公判廷で片岡はこう供述した。

「赤城さんから、被害者の住所が送られてきて、私は受け子に伝えていました。例えば、赤城さんから「この周辺でコンビニを探して（出し子に）伝えて」などと言われていました」

管理職のような立場か、と問われた片岡は「私の認識では、私の立場は、赤城さんと現場をつなぐ「中継役」です」と答えた。

捜査関係者は言う。

「特殊詐欺グループの多くは「暴力団」によって組織されているか、あるいは既存グループから抜け出て独立した「独立系」が大半です。だが赤城グループはこれらとは異なる。いわば「たたき上げ系」です。暴力団関係者を詐欺に使わない考えだとも言っていました。その一方で杜撰《ずさん》さも目立ち、受け子や出し子の素性の確認をそれほどしっかりとやっていなかった」

別の訴訟関係者も口をそろえる。

「背後組織はおそらくない。証拠隠滅なども徹底しておらず、脇が甘い。だから末端が次々に逮捕されると犯行も相次ぎ暴露され、しかも上層部への連絡の痕跡が残っていました」

赤城は自分よりも「上の人間がいる」と主張していた。裁判では、検察官が赤城にこの疑問点を突き付けた。

――騙して金銭を取ると分かっていたわけですよね。

「2019年の11月後半、詐欺を指示していたアサノから仕事用として携帯を預かり「チャットのやりとりを見て仕事を覚えろ」と言われました。その時点で、特殊詐欺だと気付きました。やがてアサノの指示を受け子や出し子に伝えるようになりました」

赤城が受け取った報酬は、騙し取った金額（被害額）の5%とされていたという。検察官が質問を重ねる。

――片岡とのやりとりの中で、「894万円を片岡が回収した」という話は？

「知っています」

――（組織内部での）分配金はどうなりましたか。

「アサノから「精算しておけ」と言われました。私は一銭も受け取っていません」

赤城は当時、無職だった。裁判官が、この点を突いた。

――金を受け取らずに、生活はどうしていたのですか。

「こんなこと信じてもらえるか分かりませんし、こんなところで言っていいのか分かりませんが、競馬をやって当てた金が何百万円か残っていまして、それで生活していました」

知人の借金が返せなかったので特殊詐欺に加担し、「アサノ」と名乗る男の言いなりだったと語る赤城だが、その一方で、何百万円もの蓄財があったとも口にする。蓄財を返済に当てれば詐欺に加担する必要もなかったのではないか。そもそも「アサノ」は存在するのか――。

いくつもの疑問を残したまま裁判は結審した。横浜地裁は21年7月、赤城に懲役8年（求刑懲役12年）、片岡に同7年（同10年）の判決を言い渡した。

赤城に対する判決にはこうあった。

「（別の）最上位者が存在した事情が窺われるものの、（赤城が）主導的だったことには疑いがない。被害金額の（配下への）分配なども指示していた」

2人は共に、判決を不服として控訴したが、その後地裁判決が確定した。

第二章
粗暴化する特殊詐欺

吉田豊(仮名)が連行された大阪府警東淀川警察署

入口は騙して取るという詐欺だった手口が、やがて凶悪化、粗暴化していく構図。それが特殊詐欺の害悪を象徴する2つ目の側面だ。手っ取り早く稼ぐ、そのために受け子や出し子を始めたはずが、上からの指示は過激になり、強盗事件までを引き起こす事例は少なくない。被害者にけがをさせ強盗致傷事件にまで発展、財産的被害だけでなく、心身ともに重大な苦痛を負わせる犯行の実相は、凄まじい。犯人たちは、指示役に言われるがまま、県境を越えてまで手当たり次第にインターホンを押して居宅を襲う恐ろしい犯行に及んでいた。「詐欺に気を付けよう！」「キャッシュカードを交換、は詐欺！」などの呼びかけでは到底防ぐことのできない凶行の実態がそこにはあった。

1　組織的強盗事件【緊縛強盗犯＝吉田豊】

年の瀬も押し迫った2020年12月28日。寒風吹きすさぶ中、土地勘のない大阪の地で、男はひとり途方に暮れていた。意を決したようにスマホを取り出し、ためらいながらも「110」と押した。

「ホテルのカードキーを奪われました」

大阪府警の警察官が駆け付ける。男は警察官に伴われ、泊まっていた新大阪駅近くのビジネスホテルへ向かった。キーがないのでホテルの従業員が部屋の鍵を開けた。

室内には、チャック部分の布が切り裂かれたスーツケースが転がっていた。「中にあったはずの現金が奪い去られている」と男は言う。

警察官の不審は深まるばかりだった。二十歳かそこらの若者が、札束を所持し、しかも「奪われた」と言っている。現金の出どころは一体……。いや、そもそもこの男は、何者なのか……。

†1000万円の強奪金が消えた

男の名は吉田豊（仮名、当時21歳）といった。その場で聴取が始まった。

——誰に金を取られたんだ。

「闇金に取られました」

——いくらだ。

「実は、1000万円くらいの現金がスーツケースに入っていました」

——何の金だ。

「運び屋の裏バイトをしていました。そのバイトをするに当たり、私の実家の住所を、（指示役に）教えてしまっているので、家族に危害が及んでしまうのが心配なのです。運ぶはずの現金を盗まれてしまったので、自分の身も危ない状況です」

一体何を言っているのか。吉田の弁に署員は眉根を寄せる。現場での受け答えは要領を得ず、突き詰めて聞こうとすると、吉田の話は二転、三転した。任意同行を求められ、吉田は大阪府警東淀川署へ連れて行かれた。

「本当のことを言った方がいいよ。何か犯罪に関与したんだとしたら話してほしい」

署員から諭された吉田はしばらく考え込み、ぽつりぽつりと語り始めた。

「関東の方で、特殊詐欺の受け子と出し子を2回ずつやりました。監視役もやりました」

署員による追及の矛先は、奪われた現金1000万円の出どころへと向かう。吉田は、にわかには信じ難い衝撃の顚末を明かし始めた。

「横浜で警察官を騙《かた》って強盗をやりました。僕は監視役で、被害者の家の玄関先で、実行犯から1000万円を預かりました」

大阪府警から神奈川県警に急報が飛んだ。

「吉田が大阪にいる」

その一報に、神奈川県警保土ケ谷署の帳場に詰めていた捜査員たちは色めき立った。即座に数名の捜査員が新横浜駅を発ち、大阪府警東淀川署へと向かった。同時に、裁判所へ逮捕令状の申請に走った。移動の時間を使って令状を仕上げる算段だ。東淀川署で、神奈川県警の捜査員に促され吉田が警察車両に乗り込む。日付が変わる。被疑者を乗せた警察車両が未明の東名高速を疾走した。

保土ケ谷署で逮捕状が執行されたのは12月29日だった。

†偽物の警察官

その2日前、12月27日。吉田は神奈川県内にいた。藤沢市の小田急線湘南台駅近くにある駐車場に、吉田とその共犯者となる山水博貴（仮名、当時29歳）、橋本勝太（仮名、当時24歳）、さらに少年2人の計5人が集まっていた。

いずれも指示役の「タカヤマ」を名乗る人物から指図されて集合していた。全員がこのとき初対面だった。

現場で犯行を指揮したのが吉田だった。タカヤマの指示に応じて吉田が用意したキャリーケースの中には、すべて偽物の手錠、警察手帳、捜索差押え令状が入っていた。集まったメンバーに吉田がその使い方を説明する。少年には、事前に用意しておいたスーツに着替えるよう指示した。

「警察官を名乗って家の人を騙し、民家に入る。住人に抵抗されたら手錠をかけて現金を奪う」

吉田に具体的な犯行手順やターゲットとなる民家を指示したのは、全てタカヤマだった。朝8時に集合した5人は、指示されるがままに、まず千葉県へと向かった。吉田は電車。他の4人は山水が用意した車に乗り込んだ。

指示された民家には誰もおらず、この計画は失敗に終わった。その後も何軒かインターホンを押して回ったが、いずれも留守。実行には至らなかった。地の利もない、初めて訪れる場所で、指示された先へと手当たり次第に押し入ろうとする犯行態様だった。

男たちが、最後にたどり着いたのが横浜市保土ケ谷区にある被害者宅だった。

「横浜の保土ケ谷へ行け」

転戦を命じられ、5人は再び神奈川に引き返してきた。告げられた集合場所は、相鉄線の上星川駅（横浜市保土ケ谷区）だった。駅に着くころ、強盗に入る民家の詳細な住所が吉田のスマホに送られてきた。先着した吉田は周辺を見て回り、近くの駐車場に男らが集結した。

役割分担は、吉田が現場の指揮と見張り。山水が偽の警察手帳と令状を示して最初に入り、他の3人が後から続く計画だった。

偽物の捜索差押え令状には、既に被害者のフルネームが記載されていた。コンビニのマルチコピー機を使ってスマホから印刷できる仕組みを利用していて、この元データもタカヤマが吉田に送ってきたものだ。偽の警察手帳も本物と見まがう仕上がりだった。金色に輝く重厚なエンブレムに、縦型に開く最新の形状をきっちり模していた。開いた時に下部になる写真部分には、最初にインターホンを押す山水の顔写真が合成され、警察官の制服を着た姿になっていた。

捜査関係者によると、こうした模造品は都内の繁華街の露店で売られているのだという。もちろん違法な商品だ。

現場は横浜港を見下ろす高台の一角。表通りから入り込み、車1台がようやく通れるほどの細い急斜面を上り、さらに細い脇道に入った所にその家はあった。

さほど大きくはない一般的な木造一戸建て住宅。一帯は急傾斜地を開発した地域で、周辺にはマンションや木造住宅が密集している。斜面地に張り付くように建てられているせいか、2階に玄関があるのが特徴といえば特徴だった。

†強盗を実行する

日も暮れた午後5時30分。山水がインターホンを押した。

「保土ケ谷警察署の者です」

自身の顔写真を入れた偽の警察手帳を示す山水。対応したのは世帯主（当時75歳）の妻（同73歳）だった。

警察官を名乗る男たちが、なだれ込むように家に押し入った。偽の捜索差押え令状と逮捕状、押収品目録を見せる橋本。そこには、家人と妻の氏名が正確に記載されていた。

山水が妻に向けて言った。

「あなたの口座が振り込め詐欺に使われている」「犯人は高齢者を騙している」

妻は、建物の1階にいた息子（当時46歳）を呼んだ。身に覚えがないので「知らない」と繰り返すが、男たちがそれを聞き入れるはずもない。「座れ」などと怒鳴られ、妻は後ろ手に、手錠をかけられた。

現金やキャッシュカードが見当たらないことにいらだった男たちは間もなく警察官の仮

面をかなぐり捨てて、口々に怒鳴り散らした。

「金庫はどこだ！」

「キャッシュカードはどこだ！」

吉田は近くで犯行の一部始終を見張っていた。

†ギャンブル依存から闇バイトへ

吉田は、ギャンブルにのめり込んだ末に借金を繰り返し、貸金業の男たちに追い詰められ、凶悪な犯行へと突き進んでいた。

高校を卒業した吉田は自衛隊に入隊した。だが3年勤務した2020年3月、自衛隊を退職した。自衛隊を辞めた理由は定かではないがその後、警備員として職を得て川崎市川崎区で独り暮らしを始めた。月給は手取りで15万〜17万円程度。賭け事が好きで、パチンコなどのギャンブルに収入の多くをつぎ込む生活を送っていた。

「月に5万〜10万円くらい使っていました。仕事上の人間関係がうまくいかず精神的にストレスがあって病院にも通っていました。不安がたまって、会社の上司にも相談したのですが改善されず、それでさらに飲酒とギャンブルを重ねてしまい……」

月給の半分以上を賭け事に費消させていた吉田は生活が立ち行かなくなり、消費者金融からの借金がかさんでいった。それでもギャンブルをやめられなかった。やがて違法な高利で金を貸し出すいわゆる闇金に手を出した。

手っ取り早く金を稼がないと返済できない……。犯罪に手を染めたのは、自衛隊を辞めて約7カ月後のことだった。

「ツイッターで「闇バイト」と検索しました。違法薬物の「運び」をやろうと思ったのですが、仕事はなかったです。そして「高額報酬」などと検索して、指示役のタカヤマとSNS上で知り合いました」

初めは特殊詐欺だった。

事前に「かけ子」がかけた電話に騙されている高齢者の家を訪れ、現金やキャッシュカードを騙し取る「受け子」。受け子が取ってきたカードを使ってATMから現金を引き出す「出し子」。その2つを繰り返しやった。

「出し子が多かったです。受け子は2回……」

特殊詐欺を始めて間もない10月30日、吉田の姿は東京都大田区の男性（当時83歳）宅にあった。

手口は、典型的なキャッシュカードすり替え型の詐欺だった。

事前に高齢者宅に騙しの電話がかけられている。例えば、「キャッシュカードが不正に使用されているため、預かる必要がある」などという内容だ。騙されていることが確認された家へ、指示役が吉田を向かわせる。吉田は、指示に従って用意しておいた偽の警察手帳を手に、警察官になりすまして男性宅を訪れた。

キャッシュカード2枚とその暗証番号のメモを封筒に入れるよう男性に指示する吉田。男性が目を離した隙に封筒を、別の封筒とすり替える。男性の手元にはダミーのポイントカードが入れられた封筒が残る。吉田は、「不正利用されている可能性がある口座のキャッシュカードなので、連絡があるまで、封を開けずに保管してください」などと男性に言う。吉田の鞄の中には、男性名義のキャッシュカードが入れられた封筒が入っているという手口だ。

吉田はその足で近くのコンビニへ行き、ATMで現金計95万7000円を引き出した。自身の報酬7万円を抜き取り、指示された駅まで移動し、残りの金とキャッシュカードをコインロッカーに入れた。

同じやり方で11月24日に横浜市港北区の男性（当時93歳）から170万円、12月10日には群馬県太田市内で現金25万円とカードを騙し取り、このカードを使ってATMから50万円を引き出した。同15日にも横浜市港北区の女性（当時73歳）からキャッシュカードを騙し取って50万円を引き出した。さらにその3日後の18日には京都府宇治市内で別の共犯者が騙し取った男性（当時82歳）のキャッシュカード2枚を使い、コンビニで現金計92万円を引き出した。被害総額は約2カ月で500万円に上っていた。

†凶悪化する手口

指示役のタカヤマから、これまでの特殊詐欺とは異なる提案を受けたのは、それから間もなくのことだった。

現金があると見込まれる民家に警察官を装って侵入し、家人が抵抗したら手錠をかけて現金やカードを奪う——。

警察官を装うのは今までもやってきているが、今回の計画は詐欺ではなく、強盗ではないのか。不審に思った吉田はタカヤマに聞いた。

「それ、アポ電（強盗）じゃないですか？」

「アポ電強盗」とは、2019年ごろから社会問題になった手口のひとつ。事前に金融庁や自治体の職員、警察官などを装って民家に電話をかけ、家に現金がいくらあるかなどを確認した上で強盗に押し入るという凶悪な手口で、同年2月には都内のマンションで80歳の女性がアポ電強盗犯に襲われ殺害される事件が起きていた。

タカヤマは言った。

「アポ電ではない。警官だと言って騙して、信じさせるんだ」

借金に追われている吉田に、タカヤマは畳みかけた。

「手っ取り早く、大きく稼ぐには、タタキ（強盗）しかない」

吉田は強盗を選んだ。

†脅迫と通報

神奈川県警保土ケ谷署で逮捕される前、最後の犯行が前述した横浜市保土ケ谷区での緊縛強盗だった。この強盗事件で吉田は、共犯者のまとめ役と監視役、被害品の運搬役を兼ねていて、現金1200万円とキャッシュカード20枚を奪い、さらにそのカードから約443万円を引き出した。起訴された事件だけでも、被害総額は2100万円に膨れあがっていた。

現場での指揮や見張りを担った吉田ではあるが、氏名不詳の指示役の男タカヤマから脅迫されていたという。

特殊詐欺の仕事を始める際、顔写真を送るように言われ、実家の住所も伝えていた。犯行を重ねる中で、嫌そうなそぶりを見せると「母親がどうなってもいいのか！」と度々脅された。緊縛強盗で奪った金を大阪市内へ運ぶようタカヤマから命令された吉田だったが、その金が、ビジネスホテルで闇金業者に盗まれてしまった。そのことをタカヤマに相談すると、タカヤマは「110番通報しろ」と言ったという。吉田が関与した緊縛強盗事件や、特殊詐欺事件が発覚する恐れもあるのに、なぜ、通報しろと言ったのか——。

あまりの不自然さから、公判廷で弁護人が問うと、吉田は「私が「現金を盗まれた」と言っているのを、タカヤマは、嘘だと疑ったのではないでしょうか」と供述した。

タカヤマとしては、現金を奪われることなどあるはずがないと考え、それにもかかわらず「奪われた」などと吉田が言っているのは、吉田が現金を持ち逃げしようとしているか、あるいは使い込んでしまったことの言い訳をしていると疑った、と吉田は推測したわけだ。タカヤマとしてはまさか実際には通報はしないだろうとたかをくくって「110番通報しろ」と言っただろうに、吉田は通報し警察へ連行され、犯行の全てを自供した。その予想外の吉田の行動にタカヤマは驚愕しかなかっただろう。ただ、闇金が奪ったとされる現金の行方は公判廷で明らかにされることはなかった。

†不用意

不可解な点は他にもある。吉田が現金を闇金業者に奪われるに至った経緯だ。大阪市内へ多額の現金を運んだ吉田は、再三、返済を求めてくる闇金業者に、滞在していたビジネスホテルから連絡を取っていた。

吉田は闇金業者に「この仕事が終わったら返済のめどが立つ」「いま現金が手元にある」などと明かしたという。

公判で裁判長が吉田に問うた。

――なぜ闇金業者に自分の犯罪の話をしたのか。

「（なぜ話したのか）分からない」

――あまりに無防備だ。用心した方がいい。

裁判長からの苦言に、吉田はうつむくばかりだった。

借金を重ね、犯罪に手を染め始めるのと時期を同じくして、吉田は無料で法律相談が受けられる法テラスに赴き、弁護士と債務整理について話し合っていた。しかしその一方、同時期にツイッターで「闇バイト」と検索し、特殊詐欺の末端を担い、闇金業者からの借金をさらに増やしていたという。

法テラスに相談した理由を「悪いことをやっていると分かっていたので、少しでも早く足を洗いたかった」と説明した吉田。借金を整理すれば犯罪を続ける必要がなくなると考えていたというが、その法律相談も、大阪で犯行を自供したことで全てが頓挫した。

裁判員裁判が連日続く横浜地裁の公判で、長髪だった頭を途中から丸坊主に刈り上げた吉田は、最終陳述でこう話した。

「罰を受け、一生忘れずに償っていきます。被害者の（けがの）回復を祈り続けます。両親や友人からの手紙で前向きな言葉をもらいました。支えてくれる方々を裏切ることなく生きていきます。くじけそうになることもあるかもしれませんが、気を引き締めていきます」

検察官は懲役9年を求刑し、横浜地裁は2022年2月、懲役7年の実刑判決を言い渡した。

2　最愛の家族を守るため〝凶悪犯〟に【強盗致傷犯＝桶谷博】

「もう本当に家族が殺されると思って……。やりたくなかった。でも、もうやるしかないと……」

　2021年11月。横浜地裁402号法廷に桶谷博（仮名、当時29歳）の姿があった。証言台の前で五分刈りにした頭を深く垂れ、痩身の背中を小さく丸めて言葉を詰まらせながら嗚咽《おえつ》し、桶谷は泣きじゃくった。

　住居侵入、強盗致傷、強盗未遂、窃盗……。起訴状にずらりと並べ立てられた罪名はまさしく〝凶悪犯〟そのものだが、あまりに桶谷の様相とはかけ離れていた。桶谷は、20年9月、横浜や川崎で連続発生した緊縛強盗の犯人として逮捕された。

　侵入強盗や窃盗を繰り返し、計198万円を不正に引き出したとされる桶谷の身には、わずか2カ月のうちに、壮絶な出来事が起きていた。

†順風な家庭の陰に

名古屋市出身の桶谷は高校卒業後、地元の貿易関連会社に就職した。熱心に働き10年ほど勤めると手取りは月給24万円ほどになっていた。桶谷は22歳のころ、高校生のときから交際していた女性と結婚し、逮捕当時1歳9カ月になる息子と3人で充実した生活を送っていた。一見、順風満帆に見えた桶谷家の暮らしだが、そこに影を落としたのは、桶谷が家族にひた隠しにしていた結婚前からの借金だった。

「ギャンブルにハマっていまして。身の丈に合わない車も、ローンで買ってしまいました。小遣いでは借金を返済できず、借金を返すために金を借りて、その金をパチンコに費やすようになっていました。借りては返し、また借りてという繰り返しです」

200万円ほどの多重債務が妻や自身の両親にばれたのは、妻が出産し育児休暇に入り、世帯収入が一気に減ったからだった。桶谷の月給だけでは、借金の返済と、生活費の両方を賄いきれなくなったのだ。

「先輩に金を借りに行ったらその先輩が、妻と私の両親に「大丈夫か」と伝えてしまったのです」

一家はしかし「一緒に返済していこう」と気持ちを前向きに切り替え、出産して間もない妻は夜のスナックで働き始めた。桶谷は、休日に働くことのできるアルバイトを必死に探し始めたのだった。

†「高収入」「グレーバイト」

「高収入バイトを探しました。車を持っているので「運び」の仕事はないかなと思って検索しました」

ほどなくツイッターを通じて「運び」のバイトを紹介された。ただ、その仕事を引き受けるには、運送する物品が紛失・破損した場合のために30万円の保証金が必要だという。不安もあったが、報酬は８００万円と聞き、妻に黙って生活費の一部を流用し保証金30万円を工面した。

「運びのバイトなら、人を傷つけずにやれると思いました」

実際に桶谷は運送したものの、中身はゴミだった。報酬はいつになっても支払われず、仕事を紹介してきた男との連絡は途絶えた。気付いたときには、保証金の30万円を騙し取られていた。

桶谷は焦った。妻に黙って生活費から流用した30万円をとにかく早急に穴埋めしなければ――。

桶谷はツイッターで「高収入」「グレーバイト」を躍起になって検索した。「アカサカ」と「テラサキ」を名乗る指示役の男2人とSNSを介して知り合うまでに、時間はかからなかった。2人との連絡には秘匿性の高いメッセージアプリ「テレグラム」が使われた。

手っ取り早く稼がなければならない。報酬は50万円欲しいと伝えると、アカサカは言った。

「では、タタキ（強盗）をやれ」

このとき桶谷は既に、アカサカの求めに応じて、本名や自宅の住所、その外観の写真を送っていた。さらにツイッターの画像を過去に遡って探られたことで、妻や子どもの顔写真までアカサカたちの手に渡っていた。

「タタキはできない」。拒否した桶谷にアカサカは告げた。

「家族を殺すぞ」

そのメッセージには、家族と一緒に撮った写真が添えられていた。

「タタキ（強盗）をやってもらう。1件100万円の報酬だ。お前とはもう1時間以上話した。（犯行の）話を聞いたからには、少なくとも1件はやってもらう」

2020年9月7日。氏名不詳のアカサカから告げられた仕事内容に、桶谷の焦燥は頂点に達した。

すでに個人情報は何もかも知られている。借金返済のためにも早く仕事をこなさなければならない。しかし人を傷つけることなどできない……。

拒否した桶谷をアカサカは執拗に追い詰めた。「もう遅い。俺たちはお前の家族をいつでも殺せるんだ。警察の中にも俺たちの仲間がいる。通報したらどうなるか分かっているんだろうな」。繰り返し脅し、追い詰め、桶谷に決断を迫った。

†最初で最後

家族を守るためだ。1件だけ、1件だけはやらなければならない――。

桶谷は、アカサカから指示された通りに道具をそろえた。粘着テープ、軍手、マスク、首に下げるネームホルダー、作業着、マイク付きのイヤホン。テレグラムの通話機能を使い、常に通話状態にしたまま犯行に及ぶよう指示された。具体的な指示はアカサカから、テラサキを名乗る男に入れ替わった。

「指示通りに動け」

1件目の住所が送られてきた。名古屋市内の民家だった。

「インターホンを押せ」「火災報知器の点検だと言って、家に入れ」

家人は思いのほか怪しむこともなく桶谷を中に招き入れた。いったん屋内に足を踏み入れたものの、桶谷は高齢の家人を目の前にして恐れおののき、外に出てしまった。

「やっぱり、やりたくありません！」

すると、テレグラムに桶谷の妻と子どもの写真が送り付けられてきた。「いつでも殺せるんだぞ」

2件目の住所が送られてきた。テラサキが言った。

「これが本番だ」

インターホンを押したものの、応対に出た家人から「時間が遅いので明日にしてくれ」と言われ、切られてしまった。

すでに夜の7時を回っていた。

テラサキは激高していた。

「案件をつぶしてくれたな！　お前に選択肢をやる。さっきの家に明日強盗に入るか、今日の深夜に別の家に忍び込んで現金を盗んで来るか、どっちか選べ」

桶谷は、強盗より夜中に窃盗をする方がいいと考えた。指示通りにガスバーナーと冷却スプレーを量販店で購入し、深夜を待った。周辺の家の明かりがまだついている。もう少し待った方がいい。それにしても、何か他にやめる言い訳はないものか……。

日付が変わった9月8日午前3時半。忍び込む家の周辺を見回っていると、耳元のイヤホンからテラサキの声が響いた。

「きょろきょろすんな！」

桶谷は驚いた。誰かに動きを見張られているのだ。ここで逃げたら、家族を殺される。やがて静寂が住宅街を満たし、家人が寝静まった頃合いを見計らって、桶谷は犯行に及んだ。言われた通りの方法で、ガスバーナーを窓ガラスの鍵の周辺に吹き付ける。そして冷却スプレーで一気に冷やす。

気体を吹き付ける独特の音に気付いたのか、窓ガラスの向こう側に人が起き上がる影が映った。桶谷は言った。

「逃げます！」

「逃げたら家族を殺すぞ！　静かにしろ。しゃべるな。入ったら早く縛れ！」

桶谷は窓ガラスを焼き破って施錠を解くと、目の前にいた女性（当時80歳）の顔面にタオルを押し当てて言った。

「静かにしろ！　しゃべるな」

女性は抵抗し、叫び声を上げた。

「お父さん！」

通話状態でつなぎっぱなしのテラサキが耳元で怒鳴った。

「撤退しろ！」

†転々、命じられるままに

犯行現場からほど近い量販店の防犯カメラには、犯行に使う道具類を購入する桶谷の姿がはっきりと映っていた。幅5センチのテープ、ガスバーナー、タオル、結束バンド……。量販店のレジに残されていたデータと、これらの物品がことごとく一致した。そして現場から慌てて逃げたせいか、押し入った民家の庭には、犯行に使った道具を入れていた白いビニール袋を落としていた。

さらに、女性の顔に貼られた粘着テープやガスボンベの表面に残されていた指紋も桶谷のものと合致した。ありとあらゆるところに物証が残されていた。

捜査関係者は眉根を寄せ、切り捨てるように言う。

「タタキ（強盗）なんかやったことのない、素人による雑な現場だった」

この強盗未遂事件の2日後、桶谷は次の犯行に向け、千葉県柏市内に移動するよう指示を受けた。

市内を転々とさせられ、行く先々で強盗に入るよう命じられる桶谷。そのたびに「家の人がいない」「周辺に人通りが多くて、今はできない」などと言い訳を繰り返し、やり過ごした。それまで逮捕歴も前科もなく、真っ当な人生を送ってきた桶谷だったが、SNSで知り合ったアカサカとテラサキを名乗る2人の男から「家族を殺す」と脅され、言われるままに行動していた。

テレグラムを通じて、昼夜関係なく四六時中連絡が入り、着信に出なかったり、犯罪の実行を断ろうとするたびに脅され、犯行を強いられた。

桶谷はこの日、自分名義の金融機関の口座番号を教えるようアカサカに言われ、伝えた。口座には、同じ日に大阪市内で発生した強盗事件で奪われたキャッシュカードから、現金100万円が振り込まれた。桶谷は詳細な指示に従い、引き出せる1日の上限額を超えないよう慎重に引き出した。

千葉県柏市内のコンビニで20万円を2回、9万6000円を1回。翌日は東京都千代田区大手町のコンビニで20万円を2回、10万円を1回……。

各コンビニのATMに設置されている小型カメラには、桶谷が1日に何度も現金を引き出す姿がはっきりと撮影されていた。

この事件でも、桶谷は「詐欺などの犯罪行為により入金されたものであることを知りながら現金を引き出した」として窃盗罪で逮捕、起訴されることになる。

連日の出金によって総額99万6000円の現金を手にした桶谷だったが、アカサカの指示で報酬として受け取れたのは、そのうちの4万6000円だけだった。報酬の大半は、指示に伴う移動のガソリン代や宿泊費、食費などに消えていった。

†横浜事件

9月10日と11日は、アカサカから指示されて合流した共犯者、木暮虎夫(仮名、当時22歳)と行動を共にするよう言われた。

その木暮は、「ワタベ」と名乗るよう指示されていた。指示役の男たちは桶谷に偽名として「コジマ」を騙《かた》らせていた。アカサカやタカヤマは「2人そろって、お笑いコンビ〝アンジャッシュ〟だ」と言って笑い合っていたという。

「横浜事件」。捜査関係者がそう呼ぶ緊縛強盗事件を、11日の午後、2人は横浜市港北区で起こすことになる。

指示役の男は、事細かく強盗の手口を告げてきた。

「独り暮らしの高齢女性の一戸建て住宅を狙う。火災報知機の点検業者を装って家に侵入しろ。家人の口をタオルでふさげ。結束バンドで手足を縛り、現金とキャッシュカードを奪え。脅してカードのアンバン（暗証番号）を聞き出すんだ」

さらに、指示は犯行隠蔽の手段にも及んでいた。

「お前らが逃走した直後に、事前に用意した偽の警察官を家に突入させる。その偽警察官が家人から被害の状況を聞いて、被害届を提出させる。家人は捜査が始まると思い込んで、110番通報はしない。こうしておけば、事件は当面発覚しないんだ」

2020年9月11日の昼下がり。横浜市港北区内の鶴見川沿いに広がる閑静な住宅街に、桶谷はいた。タオルや軍手を買うように指示され、用意して現地に向かった。指示された番地に着いたが、ターゲットとされる家の表札が見あたらない。指示役は具体的な個人宅を名指ししていた。歩き回った末にようやく、入り組んだ細街路の一画に、指示された2階建ての民家を見つけた。

桶谷は前日から、ワタベと名乗るよう指示された木暮と行動を共にしていた。2人の耳には、テレグラムで常時通話状態となっているマイク付きイヤホンがねじ込まれている。アカサカとテラサキが入れ代わり立ち代わり、細かく指示を飛ばしていた。

「コジマ（桶谷）がインターホンを押して「火災報知機の点検」と言って先に入れ。後からワタベ（木暮）が入れ」

†91歳老女への凶行

家人の女性（当時91歳）は最初、「また今度にしてくれ」と拒んだ。あと10分ほどしたら通院のためにヘルパーが家にやって来るためだった。ところが、桶谷から「すぐに終わるから」と強く言われ、不審に思った。点検の道具や書類などを持っていなかったからだ。だが2人が「近所の家も点検している」などと言って近隣住民の実在する名前を挙げたため、怪しみながらも家に入れてしまった。

「外気を遮断する必要がある」

2人の男たちは口々に言い突然、家中の窓を閉めて回った。若い男が家人の高齢女性に急接近してきた。眼鏡の若い男だ。男は女性を一気に押さえ付けた。高齢女性は、そのときになってようやく気付いた。ニュースでやっていた強盗だ。そう思った時にはすぐ後ろにもう1人の男が立っていた。後ろ手に縛られ、廊下にへたり込んだ。

女性は足に人工関節を入れているため、床に座り込むと自力で立つことは難しく、逃げることもままならない。男らが家中の戸締まりを確認して回っていたのは、そのためか。叫んでも、外まで声は届かない。

男は言った。

「キャッシュカードの暗証番号を教えろ」。女性が拒むと、男は怒りもあらわに「家に火を付けるぞ!」と脅してきた。それでも答えないと、男は台所から包丁を持ち出してきて突き付けた。「アンバン(暗証番号)教えろ!」

女性は叫んだ。

「殺すなら、殺せ!」

そのとき家のインターホンが鳴った。電話も鳴った。予定通り訪問してきたヘルパーが家の異変に気付いたのだ。

2人の男は「庭から出られる！」などと口々に言い、走り去った。

2人は互いのことを気にすることもできないほど焦り、アカサカとテラサキから指示されるがまま、西へ向かって走り続けた。鶴見川を渡ってすぐのコンビニで、2人は合流した。

この時、木暮の手元には女性宅から奪った現金2万4000円とキャッシュカード2枚、クレジットカード3枚があった。新たな指示が木暮に告げられた。

「奪ってきたものをスマホで撮って送れ」

木暮は奪った現金やカード類をコンビニ駐車場の地面に広げてスマホで撮影した。すぐに返信が来た。奪った現金を使ってコンビニで「iTunes（アイチューンズ）カード」を購入しろという指示だった。

†証拠残さぬ悪知恵

iTunesカードは、額面1500円から1万円の4種類があり、購入者はカードの裏面にプリントされたコードをスマホのカメラで読み込むか、直接スマホなどの端末に入力すると、額面の金額がアップルの個人IDに追加され、その金額分のアプリやコンテンツを購入することができる、いわばネット上で使えるプリペイドカードだ。

指示役の男らは、このコード自体に金銭的価値があることに目を付け、奪った現金でカードを購入させ、コードをスマホで撮って送らせていた。

別の特殊詐欺グループの男によると、直接現金の受け渡しをする必要がないので逮捕されるリスクが回避できる上、証拠も残りにくく、コードそれ自体が転売の対象となっているのだという。さらにコンビニで購入できるという利便性もあって、犯罪で得た利益を授受する際の手段に使われているという。特殊詐欺の報酬をiTunesカードのコードで支払うグループもあるという。

木暮は購入したiTunesカードの番号を指示役に送信した。テラサキからは直後に「もう1件（強盗を）やってもらう」と指示されたが、周辺に人が多いことなどを言い訳に難色を示していると、「今日はもういい」と返事が来た。

†愛妻「ちゃんと寝ているの？」

桶谷はこの日、妻子が待つ名古屋市へ戻る許可をアカサカから得ていた。

深夜、東名高速をひた走った。日付が変わった9月12日午前0時過ぎ。自宅近くに戻ってきたものの、桶谷の足は重たかった。家からほど近いコンビニの駐車場に車を止め、苦悶した。

「妻に全てを打ち明けようか……」

家の玄関を開けたときには午前6時になっていた。高校生のころから交際を始め、やがて結婚した3歳年下の妻。そして、1歳9カ月の息子の顔を見た途端、桶谷は自分が置かれている差し迫った現実を言えなくなってしまった。

現金の「運び」の仕事をしていると嘘をつき、この仕事をしないと自分の身が危険だと嘘を重ねた。

妻は落涙し言った。

「ばかだね」

そして続けた。

「ちゃんと寝ているの?」

窃盗事件の報酬として受け取った4万6000円のうち、宿泊費や高速道路代などを払って残ったなけなしの2万円を妻に手渡した。

アカサカから、12日には神奈川県内へ戻るよう言われていた桶谷は、指示通り昼過ぎに名古屋市の自宅を出て、再び東名高速を疾走した。

そしてまた指示があった。東京都墨田区の民家の住所が送られてきた。

「明日のタタキの家だ。入れ」

2020年9月13日。桶谷は同区の民家近くへ向かった。

アカサカが言う。

「近くのコンビニに車を置いていけ。鍵はタイヤの上に置いておけ」

1年ほど前に残価設定ローンで購入したばかりのホンダの黒のミニバンをコンビニ駐車場に置き、指示された民家へ徒歩で向かった。しかし、家の前の人通りが絶えないことなどを言い訳に「やめた方がいい」と伝え、コンビニに戻った。

車が忽然と消えていた。

テラサキから連絡が入った。

「お前の車は預かった。もうお前を逃がすわけにはいかない」

返してほしいと懇願したが、「ダメだ」とにべもなかった。都内のホテルに入るよう指示され、仕方なく徒歩と電車で移動した。

翌14日。車を返してほしいと再度願い出ると、テラサキから条件が出された。

「ツイッターでタタキか、詐欺ができるやつを募集しろ。10人集めたら車を返してやる」

桶谷のスマホに、ツイッターに書き込む文案が何パターンも送られてきた。桶谷は指示通りに投稿した。すると、すぐに数人から反応があった。

桶谷は思った。この人たちをテラサキに紹介したら、新たに強盗の犯人が生み出され、被害に遭って傷付く人が出てしまう。そんなことをしていいはずがない。結局、テラサキに伝えることはしなかった。

†操り人形

アカサカとテラサキからの連絡は24時間、昼も夜もなく入り続ける。車の返却話はうやむやにされ、この日は受け子をやるよう指示された。指定された家に向かったが、桶谷は「家が見付からない」と言い訳をして逃げた。アカサカは激怒した。

「いいかげんにしろ！　家族を殺すぞ！」

9月15日から16日にかけて、桶谷は特殊詐欺で騙し取られたキャッシュカードから自分の銀行口座に振り込まれた金を小分けにして引き出していった。

このうちの2万円でiＴｕｎｅｓカードを購入し、コードをアカサカに伝えた。4万円は桶谷が報酬として受け取った。16日に日付が変わるやいなやさらに50万円を下ろし、計92万4000円の現金を手にしていた。

アカサカからの指示は絶え間なく続いた。

「京急線の青物横丁駅近くにあるコンビニの前に行け」

回収役の男がコンビニの前に立っていた。桶谷は現金を手渡した。

16日は千葉県内の指定されたロッカーへ行った。奪われたミニバンの中に置いていた桶谷の私物やカード類がロッカーの中にあった。深夜になって、桶谷の口座にまた100万円が振り込まれた。引き出せ、と指示を受けた。もはや操り人形のように詐欺を続ける桶谷。通話状態を維持し、マイク付きのイヤホンで状況を報告し続けなければならず、桶谷は心身共に疲弊していた。

「深夜も日中も関係なくずっと指示が入ってくるんです。通話もメールも。反応しないと再三電話が鳴る。そして脅される。ほとんど寝ていない状態で、食事ものどを通らなかった。食べても吐いてしまっていました」。指示に抗おうとすると、「家族を殺すぞ」とまた脅された。

17日午前0時ごろ、テラサキから連絡があった。

「明日、タタキだから。逃げるんじゃねえぞ」

桶谷は9月17日、最後の犯行「川崎事件」を引き起こす。

†川崎事件

その民家は高齢女性とほぼ寝たきりの男性の2人暮らしだと、桶谷は聞いていた。連日のように特殊詐欺の「出し子」や強盗未遂を繰り返してきた桶谷は、対象となる家の周辺を歩いて下見していた。下見といっても、入る直前に辺りを見回る程度のことに過ぎない。

2020年9月17日正午ごろ。川崎市幸区の商店が軒を連ねる通りから1本横道に入ったところ。行き止まりの細街路で、賃貸アパートが数軒立ち並ぶ一画に、その家はあった。広い庭があり、2台止められる駐車場があり、正面の門には立派な木が植わっている。2階建てで、バルコニーには螺旋階段が設けられ屋上に上がることもできる大きな家屋だ。

桶谷は、テラサキとアカサカを名乗る男2人から指示された通り、新たな共犯者、中川望（仮名、当時25歳）と、JR南武線矢向駅の近くで合流した。中川は、アカサカから「家には年寄り2人しかいない。先に早く入れ」と急かされていた。

だが実際には、この家にはほぼ寝たきりの高齢男性と、その妻（当時80歳）、この高齢夫婦の息子（同52歳）に加え、この息子夫婦の子（高齢夫婦にとっての孫）の計5人、3世代が1戸に住む大家族の家だった。「高齢夫婦の2人暮らし宅」という情報は全くのデタラメだったのだ。

指示役は中川のことを「タタキ（強盗）のベテラン」と説明していたが、実は前科も前歴もない〝素人〟だった。中川もまた、桶谷と似たような経緯で、マッチングアプリで「グレーバイト」などと検索し、詐欺や強盗の末端を担うようになっていた。

中川がまず塀を乗り越えて侵入した。その姿を見た桶谷は「もう逃げられない。やるしかない」と意を決し、後を追った。庭を抜け、開いていた掃き出し窓から中に入った。

この家には午後1時に訪問診療の医師が訪れる予定になっていた。いつも通り、この時間になると、裏口の門と、掃き出し窓が解錠されることになっていた。

「カーテンを閉めろ！」

中川から指示が飛ぶ。部屋の奥から中年男性が出てきて、中川がつかみかかった。高齢夫婦の息子が家にいたのだ。この時点で、犯人2人にとっては想定外の状況に陥っていた。いるはずのない中年男性が現れたのだ。

中川と中年男性がもつれあってリビングから奥の和室へ倒れ込んだ。こたつの上であおむけになった中年男性の首を絞め、中川は「金はどこだ！」と恫喝した。

中年男性が怒鳴り返す。

「以前に詐欺で騙し取られたから全然ない」

中年男性の返答に、通話状態のイヤホンからアカサカの声が響いた。

「殺しちゃってもいいんで、（金の場所を）聞き出して」

中川と息子のもみ合う音に気付いたのか、高齢女性が和室の前に立った。

「何をやっているの！」

桶谷は女性に駆け寄り、顔面をガムテープでぐるぐる巻きにした。

女性が叫ぶ。

「鼻はしめないで！」

女性は桶谷の腕を爪でひっかいて抵抗したが、口と鼻を塞がれた。

突如、家の中に呼び鈴が鳴り響いた。

桶谷と中川は、誰かが訪問してきたのだと思い込んだ。しかし、実はこの呼び鈴は高齢女性の夫でほぼ寝たきりの男性が人を呼ぶときに使うために枕元に置かれていた電子ベルだった。

騒ぎに気付き、2階から高齢夫婦の孫に当たる若い男性が下りてきた。即座に異常事態を察知し、すぐさま家の外へ逃げ出した。高齢女性も這ってリビングへ逃げ込んだ。息子と中川が和室で激しくもみ合う音と怒号が家中に響く。

桶谷は、テラサキに「1人に逃げられました！」と報告した。すぐさま「撤退しろ！」と指示が出た。

桶谷はガムテープやマスク、共犯者の中川をも置き去りにして、玄関から逃げ出した。指示に従い、南武線の尻手駅まで歩いていくと、中川がいた。手持ちの荷物は矢向駅のロッカーに入れていた。だが、そのロッカーの鍵さえも、現場に落としてきていた。ほぼ全てを失った桶谷は手元にある現金3万円を握りしめ、指示されたビジネスホテルに泊まった。車もテラサキたちに奪われたままだ。

桶谷はテラサキに言った。

「もうやめたい。自首したい」

†「最後に1件やれ」

テラサキからは、「自首するなら好きにしろ」と解放されたが、もう1人の指示役、アカサカからは、さらに追い込まれた。

「お前を担当しているのは俺だ。俺は許さない。最後に1件やれ」

言われるがまま、東京都内の民家へ向かった。ガス点検を装ってインターホンを押すと、家人は怪しむこともなく、快く招き入れてくれた。桶谷は点検したようなふりをして「ありがとうございました」と言って家を出た。

通話状態のマイク付きイヤホンからは怒声が鳴り響いていた。

アカサカは、かつてないほどに激高していた。

「今すぐお前の家族をぶっ殺すぞ！　一生後悔させてやる！　いまから刃物を買って、家に戻って強盗しろ！」

しかし桶谷は従わなかった。

その日の夜、桶谷は、名古屋市の自宅で帰りを待つ、結婚して7年になる愛する妻と、朝まで長い長い電話をした。

これまでの出来事、繰り返した犯行、1歳9カ月になる息子と妻、その最愛の家族を殺すと脅されていたこと――。余すことなく全てを明かした。

妻は言った。

「自首しよ」

翌日、桶谷はＪＲ品川駅にいるところを大阪府警に逮捕された。品川駅にいると聞いていた妻が、警察に通報していたのだった。

そのことは、逮捕後に妻から届いた手紙で知った。

✝懲役7年6月

桶谷は住居侵入と強盗未遂、強盗致傷、窃盗の罪に問われ起訴された。２０２１年11月から始まった裁判員裁判で、桶谷は固く握りしめた拳を膝の上に置き、背を丸め、証言台の前に立つと嗚咽し、泣くじゃくり、犯行の一部始終を語った。被害総額は１９８万円。別の詐欺事件や強盗事件で奪われたり、騙し取られたりしたキャッシュカードから桶谷自身の口座に振り込まれた金を引き出す「出し子」も担っていたからだ。

検察官や裁判官からは「なぜ言いなりになったのか」との問いが重ねられた。

桶谷は１人で行動する時間が多かった。拘束されたり見張られて犯行を強要されたりした形跡は、証拠上は明らかになっていない。犯行を繰り返す中で一度、自家用車を走らせ日帰りで名古屋市の自宅に戻り、妻と話している。こうした際に第三者に相談したり自首したりすることができたのではないかという疑問があるからだった。

指示役の男たちから「家族を殺す」と脅され、メッセージアプリには、家族や自宅の写真が送りつけられた。「俺たちは警察内部ともつながっている。自首したらすぐに分かる。家族がどうなるか、分かるよな」などと脅され続けたという。繰り返される検察官からの追及に桶谷は深くうなだれ、鼻水をすすりあげながら言葉を継いだ。

「もうずっと、怖くて、怖くて……。でも、家族を守りたくて……」

検察側は懲役12年を求刑。2021年12月、横浜地裁は懲役7年6月の実刑を言い渡した。判決理由で裁判長は「操り人形のような状況になく（中略）、各犯行に及ぶ以外の選択をすることも可能であった」と指摘し、酌量による大幅な減軽は認めなかった一方で、「反省と謝罪の言葉を述べ、前科がないこと、被告のために酌むべき事情がある」と述べ、脅されていたことを一部考慮した。

桶谷は判決の日から14日以内に控訴せず、判決が確定した。

第三章

より巧妙に、より複雑に

「飛びグループ」の首領が計8台を巻き込んで交通事故を起こした静岡県静岡市の交差点

「手っ取り早く稼ぎたい」。特殊詐欺の末端を担う男たちが口をそろえて言う動機だが、その思惑は早晩打ち砕かれ、追い詰められ、凶悪犯へと仕立て上げられていく。入るも地獄、抜けるも地獄というのが特殊詐欺の犯行グループの真実である。第三章では、さらに犯罪の構図がより巧妙に、複雑化した〝飛び〟の男たちに迫る。

1 〝飛び〟の首領と呼ばれた男【大門充宏】

けたたましくパトカーのサイレンが鳴り響き、トヨタの高級ブランド「レクサス」の大型セダンが、赤信号で停車中の乗用車に次々と衝突していった。一度止まっても、さらに突き進み、なぎ倒すように直進を続け、進めなくなると、運転席から痩身の男が飛び出した。男は車を乗り捨てたかと思うと、身軽に中央分離帯をひょいと乗り越え、全力で走って逃げ出した。

「とまれ！」

制服警官が怒号を発し、猛然と追いかける。

静岡市駿河区の幹線道路で2021年2月8日に起きた乗用車8台を巻き込み、3人にけがを負わせた交通事故は、やがて思わぬ事件の端緒へとつながっていく――。

†県境を越えた逮捕劇

警察官に追われた男は、大門充宏（仮名、当時27歳）といった。多重事故の直前、現場から数キロ離れたコンビニの駐車場で、警察官が大門に声をかけた。大門は突如として車を急発進させてその場から逃走したのだ。

警察官は、この段階で大門の素性を知って声をかけたわけではなかった。乗っていた黒の高級車レクサスのナンバーが「大阪」だったこと、窓ガラスに濃いスモークがかけられ車中が見えづらくなっていたことを不審に思い、職務質問しようとしただけだった。

大門は衝突事故後の逃走、追跡からいったんは自力で走って逃げ切ったものの、翌9日午後4時ごろ、事故現場から約20キロ離れた静岡市清水区のコンビニで「神奈川県警」に逮捕された。乗り捨てた車の中からは大門名義の保険証が見つかっていた。

神奈川県警は、この男を、2019年12月に横須賀市の80代男性から現金600万円を騙し取った容疑で追い続けていたのだ。

捜査関係者は言う。

「（大門は）「飛びグループ」の首領です。こいつをトップに、勧誘役のリクルーターがいて、さらに複数の受け子、出し子を管理していました」

捜査関係者の手元には、大門を筆頭にリクルーターの新崎皐《さつき》（仮名、逮捕当時23歳）、その傘下に実働部隊の城中将大（仮名、当事25歳）や四谷美帆（仮名）ら数人が顔写真付きで描かれた捜査資料があった。

特殊詐欺の関係者や捜査関係者が口にする「飛び」とは一体どのような手口なのか――。

†犯行の構造

特殊詐欺は、大きく3つの実働部隊によって成し遂げられている。

1つは、騙しの電話をかける「かけ子」グループ。もう1つが、かけ子によって騙された人のところへ行き、現金やカードを受け取る「受け子」、さらにそのカードを使って現金を引き出す「出し子」だ。受け子と出し子を合わせて「UD」と呼称することもある。

犯行全体を統括、指揮するのは、この3つの末端たちを取りまとめるさらに上層幹部ということになる。

この構図の中で「飛び」は完全に異物だ。

「かけ子グループ」が騙しの電話をかけて被害者が騙された段階で、飛びたちは、自分たちがコントロールできるUDをツイッターから応募させて、別の詐欺グループに潜り込ませる。自分たちのUDが、被害者から現金やカードを受け取った段階で、かけ子グループに渡さずに持ち逃げする。これが「飛び」だ。

かけ子への報酬支払いや、他人名義の飛ばし携帯、被害者となる高齢者の名簿といった特殊詐欺にかかるコストを負担せずに、被害金をまるごとかすめ取っていく実に狡猾な犯罪手法である。だが、そう簡単に持ち逃げできるはずもない。当然、詐欺組織からの怒りを買い、追い込まれていくことになる。

大門は、公判廷で犯行に至るまでの衝撃の経緯を明かした。

「過去に、3000万円を持って飛んだ（持ち逃げした）んです。しかしその後（詐欺組織に）拉致《らち》されて、「3000万を詰めろ（返済しろ）」と追い込みをかけられました。無免許の道交法違反容疑で警察にも追われていました。その逃走資金を稼ぐために、特殊詐欺の飛びをやっていました」

犯行は先鋭化し、そして大門の直下にいたはずのリクルーター（勧誘役）の新崎は、特殊詐欺から、飛び、さらに高齢女性宅を襲う強盗致傷事件を引き起こすのだった。

†「飛ばれないため」

〝飛び〟を専門に手がける詐欺グループの首領、大門は、これまでも車の無免許運転や詐欺未遂で逮捕され、複数回服役していたことがあった。共犯者の新崎と共謀し、キャッシュカードのすり替えによって特殊詐欺を始めたのは2019年11月のことだった。大門は、この半年前の同年5月に刑務所を出たばかりだった。その後、逮捕されるまでの約1年3カ月で被害総額は1139万円に上り、騙し取ったキャッシュカードは17枚に及んだ。

〝飛び〟を敢行するには、いくつもの注意点があると、大門は明かす。

「かけ子グループの見張りが現場近くにいないか、さらに、自分たちの受け子や出し子が飛ばないか、常に注意していました」

大門によると、個々の詐欺グループの上層部をたどると「だいたい3グループくらいに分かれる」という。同じグループ内で被害金をかすめ取っても意味がないため、「上の業者がどこなのか、確認していた」という。

大門たちは、個々の詐欺グループのことを「業者」といい、被害金のことを「売上」と呼び、UDを潜り込ませる先を「派遣先」と呼んでいた。現金を受け取ったり、出金したりすることは「ナマ受け」と呼称していた。「かけ子の業者」は、それを専門に手がけているグループがあるのだという。

「自分たちの受け子、出し子が飛ばない（逃げない）ように、受け出しの近くまで車で送り迎えし、現場が見える場所で待機しておくようにしました。このときに、現場周辺に、かけ子グループの「張り子」（見張り）がいるかもしれないので、気を付けるように、と指示していました」

さらにこんなことも口にしていた。

「人をさらいやすい形の大型のバンや、見張りがよく使うバイクがいないか。帽子にマスク、サングラスを着けた人がいないか。出し子が出金するコンビニや銀行でも、至る所で注意していました」

潜り込ませた出し子が、ATMから出金し、現金を手にしたら、すぐに通話を切らせて、かけ子グループとの連絡を断ち、自分たちの車に乗せて、逃走するのだという。

†報酬の割合

それぞれの分け前（報酬）についても、気を配っていた。全体の7割は、大門が上の業者に上納し、残りの3割を、大門、新崎、UDで割って分配していたという。

「かけ子グループが提示した割合を超えるように設定していました。（潜り込ませた）受け子、出し子がきちんとこちら側に付くようにしていたのです」

こうした手口で、19年11月に埼玉県所沢市の当時84歳の女性宅で、キャッシュカードをすり替える手法で10枚を窃取し、近くのコンビニで約190万円を出金。11月末には千葉県我孫子市で同じ手法で130万円を騙し取った。さらに、12月2～3日には、横須賀市で、当時81歳の男性宅で、現金600万円を手渡しで受け取った。

捜査関係者は大門を「飛びグループの首領」と位置づけていたが、公判で大門は「自分の上の業者がいる」とし、「売上」の7割を渡していた、と説明した。判決では、大門がトップだったかどうかははっきり認定されることはなかった。

大門が全体を仕切り、直下の新崎がUDをリクルートし、かけ子グループによって騙されている高齢者宅に、UDを送り込む。個々の具体的な指示は新崎が担うという構図。

新崎は大門のことを下の名前で「ミツさん」とニックネームで呼ぶ親しい仲だった。奪った総額は1000万円を超えるグループ幹部の2人だったが、この上下関係は長くは続かなかった。

新崎が、大門の下から飛んだのだ。

†横須賀事件

中でも被害が大きかったのが、捜査関係者が「横須賀事件」と呼ぶ事件だった。被害金は600万円。大門と新崎が一緒になって古典的な「オレオレ詐欺」を実行した。

多額の被害金を生み出すこの事件を、大門は約70キロ離れた千葉県浦安市の大型リゾート施設で、当時交際していた女性とその子どもの3人で遊びながら、スマホを駆使し、UDを遠隔操作して重大犯罪に及んでいた。

横須賀事件では、新崎がツイッターを通じてリクルートした城中将大が受け子を担った。詐欺の電話をかける別の「かけ子グループ」が、受け子を募集し、その詐欺事案を新崎が探し出して、城中を送り込む、という〝飛び〟の手はずだ。

12月2日午前10時ごろ、横須賀市内の男性（当時81歳）の自宅に、長男を装った電話がかかってきた。

「現金が至急必要になった。俺の代わりに「郵政便のアリマ」という者を家に行かせるので、現金を渡してほしい」

偽者の長男は、副業で金が必要になり、会社の金を600万円使い込んでしまったと言う。会社に監査が入るため発覚すれば免職になってしまう、などと言って男性に泣きついた。男性は長男のために何とかしたいと、家にあった100万円に加え、500万円を出金しに銀行へタクシーを走らせた。

窓口の女性から「オレオレ詐欺ではないか？」と疑われたが、長男を助けたい一心でうそをついた。「田舎の兄の借金をどうしても返済したい」などと言い伏せ、500万円を引き出し、再びタクシーで帰宅した。

このとき既に新崎と城中は、横須賀駅近くで待機していた。いつでも指示に応じて「受け」に動けるようにと、臨戦態勢を整えていたのだ。

詐欺の電話は男性宅に断続的にかけられ翌3日、城中に具体的な指示がきた。

城中は公判廷供述でこう言った。

「刺さった案件があるということで、横須賀市内の駅の近くに向かいました。新崎は周辺に見張りがいないか確認して見て回っていました。〝飛び〟だと分かっているので、そのためのチェックです」

男性の自宅へ、偽の長男から電話があり、男性は「金は用意できた」と答えた。

同時刻に城中に、男性の家の住所が送られてきた。

「アリマと名乗って、金か、それに代わる何かを受け取れ」

指示通りに動いた。城中には、男性が具体的にどのような内容で騙されているか、知らされなかったという。城中は続ける。

「かけ子の業者とは（通信アプリの）テレグラムで連絡を取り合い、それを新崎にライン（ＬＩＮＥ）で連絡していました。私はスーツに着替えて、男性宅に向かいました」

インターホンを押して「アリマです」と伝えると、男性はすぐに出てきて紙袋を押しつけるかのように城中へ渡し、「これで大丈夫なんですよね？」と念押ししてきたという。

城中は相手がどのようなストーリーで騙されているのか知らなかったが、「大丈夫です」と力強く答えた。そして城中の動きを見張るために新崎が近くに止めていた車に乗り込み合流した。

男性はこの時の様子をこう振り返る。

アリマが妙に貧弱だった。それに、大金を会社に運ぶにもかかわらず、中身を確認せず出ていったことに違和感を覚えた。何かがおかしい……。すぐに本当の長男に電話をかけた。間もなくオレオレ詐欺だと気付き、男性は、すぐに家を飛び出した。自称アリマの背中を、走って追った。

「アリマを名乗る男は、通りの先にある理髪店の前で、待っていた車に乗って逃げていきました」

男性の自宅と理髪店の距離はわずか約130メートル。目と鼻の先で逃げられた。

城中に手渡された紙袋の中には現金600万円が入っていた。その中から城中は10％の60万円を報酬として受け取り、新崎は20％の120万円を懐に入れた。

スマホの通信アプリで逐一、状況報告を受けていた大門は残りの420万円を自分の元へ持ってくるよう、新崎に指示した。

「ディズニーシーの立体駐車場に持ってきて」

新崎が駐車場に着くと、大門は残金を受け取り、交際女性とその子が待つ〝夢の国〟へと戻っていった。

2　懸賞金をかけられた凶悪犯

「横須賀事件」の1カ月後。2020年の1月。大門の下から、組織ナンバー2の新崎は離れた。〝飛び〟を繰り返していたことが、金を持ち逃げされた詐欺組織にばれて、追い込まれていたのだ。

別の詐欺グループ関係者が公判廷で証人として供述した。

「当時、新崎が持ち逃げした金は、総額3000万円とも言われていました。このころ新崎には「身柄を引き渡したら600万円」という破格の懸賞金がかけられていました」

詐欺組織の上層幹部は、メッセージアプリ「テレグラム」のグループチャットで新崎と連絡を取っていた。静かに憤怒し、新崎に通告した。

「飛びましたよね？　タタキ（強盗）をやって、金をツメて（返済して）ください。とりあえず、実行犯を3人集めろ！」

このままでは逃げ切れない。新崎は組織が命じるタタキを敢行することで、多額の金を手に入れ、同時に追跡を逃れようと目論んだ。

†タタキの男たち

2020年1月10日の夜。正月の雰囲気が残る東京・池袋に、互いに面識もない、年齢も名前も知らない5人の男が、集結していた。

このうち1人は、新崎の行方を追っている詐欺グループのリクルーター下田烈（仮名）だった。

下田が偽の詐欺案件をツイッターに投稿し、新崎をおびき寄せたところ、新崎が使っていた受け子が応募してきた。その受け子に新崎のテレグラムIDを吐かせ、池袋で計画された強盗の現場へ新崎を来させたという。

新崎は、下田の指示に従い100円ショップで包丁とガムテープ、ネックウォーマー、手袋を購入、実行犯が身につける服も用意して池袋の現場へ向かった。

ターゲットは、池袋駅東口から繁華街を抜けた先にある中古ブランド品店だった。昔風にいうと質屋で、犯人グループは「池袋の質屋を襲う」と口にしていた。

実行役は少年2人を含む計3人。いずれも新崎や、別の犯罪グループがSNSに投稿し、集まってきた男たちだった。

下田と新崎の2人は、実行役の3人とは距離をとり、質屋から約80メートル離れたハンバーガーショップで向き合い座っていた。

下田はその時の様子を振り返る。

「私は、飛びのやり方に興味がありましてね。どうやってやるのかな、と。そういう話を新崎から聞いていました。ツイッターで募集をかけて受け子や出し子を集めて、刺さってる（騙されている）案件に応募させるんだと。なるほどな、と思いました。そのとき、新崎は「静岡の地元で、金銭トラブルになっている」とか、「車に乗って家族と東京に逃げてきている」などと言ってました」

やがて、質屋の下見をしていた実行役の3人から連絡が入った。

「店員が片付けを済ませて店を閉めてしまいました」

堅牢なシャッターが下ろされ、セキュリティーも作動していることから、容易に押し入ることができなくなり、「池袋のタタキ」はこの時点で失敗に終わった。

質屋の隣にある時間貸し駐車場に実行役たちが集まった。指示役の男から新崎に連絡が入った。

「綾瀬でタタキの案件が入った。そこ（池袋）の3人は行けるか？」

新崎が、3人に尋ねると、互いに目を見合わせ、すぐに「やる」と答えた。

3人は電車で移動し、新崎は車で綾瀬へ向かった。別行動だったのは、新崎の車には当時交際していた女性と、その子どもを乗せていたからだった。下田はこの時点で離脱した。

3人が池袋駅から地下鉄に乗ったころ、新崎に電話で問い合わせが来た。

「綾瀬って（東京の）足立区と、神奈川にもあるんですけど、どっちですか？」

実行役3人の男たちは、池袋から電車に乗り「東京メトロ千代田線・綾瀬駅」へ向かっていたのだ。電車の中で、行き先を検索したところ、どうやら神奈川県内にも「綾瀬」があることに気付いた。

行き先が逆方向だと判明し、慌てて乗り換えた。終電まで、そう間がなかった。

男たちは、強盗に押し入る場所も周辺の地理も、家の状況さえ知らず、しかし実行することだけを決め、神奈川県の「アヤセ」へ向かった。

†土地勘なし、計画もなし

「億の金がある」

男たちはそう聞いていた。

1月10日から、11日へと日付が変わろうとする深夜のことだ。実行犯の3人は、最寄り駅とされる小田急江ノ島線桜ヶ丘駅に到着した。だが、そのときになっても、具体的にどこへ行くかの指示はまだなかった。

腹をすかせた3人は、駅からほど近い居酒屋へ入った。3人のうち2人は当時まだ未成年だったが、ビールとつまみを注文し、すきっ腹を癒やそうとした。食べ物がテーブルに並ぶ寸前のことだ。新崎から、実行役3人のうちの中心人物で現場を仕切っていた茅ケ崎豪(仮名、当時19歳)のスマホに連絡が入った。

「急いで現場へ行け」

茅ケ崎たちは、食うものも食わず居酒屋を出て、指示された民家へタクシーを走らせた。

その民家は、県道に面し、広い敷地には整備された庭と母屋、離れ、さらには蔵まであった。周辺には同じ苗字の複数の親族が居を構え、地元では屈指の名家として知られる一族の家だった。

ただ、そのような一族の邸宅だと、実行役の男たちが知るはずもなかった。男たちにとっては、その日初めて訪れる場所で、東京都足立区の「綾瀬」との区別すら付いていないほどだったのだから。ろくな下見もせず、逃走ルートを確保することも考えず、指示されるままに、場当たり的に押し入る計画を着々と進めていった。

現場は畑と民家が入り交じる一帯で、県道を照らす街灯のほかはほぼ暗闇の中だった。

タクシーを降りた男たちは、民家のすぐ近くにあったレンタル倉庫の敷地内に入り、支度を始めた。靴の裏にガムテープを貼ったり、手袋をはめたり、包丁を用意したりした。

捜査関係者から、「このとき靴の裏にガムテープを貼ったのはなぜか?」と問われた。3人ともタタキの経験などなく、これが初めてだったからだ。

ガムテープを貼るよう指示したとされる茅ケ崎は、公判廷で証言しこう説明した。

「ドラマとかで、強盗に入る奴らがやっているから。俺が他の2人に貼るようにと指示した。足跡が付かないようにと思って。指紋が付かないようにと手袋も着けた」

†「金庫はどこだ!」

茅ケ崎がこのとき受けていた情報はこうだった。「高齢女性の独り暮らしで、その女性が寝ている部屋の押し入れに、1人では動かせないような大型の金庫がある。中には数千万から億単位の現金がある。過去に盗もうとした者がいたが、重くて動かせなかった」と。

さらに、この金は暴力団関係者の持ち物だという話まであった。実際には、高齢女性もその親族も暴力団とは無関係なのだが、そのとき茅ケ崎はそう説明を受けた。詐欺グループ関係者によると、実行犯の罪の意識を軽減するために奪う金が犯罪収益だという情報を流すことがあるのだという。

当初は日付の変わった午前1時に押し入る計画だったのだが、新崎の指示によって、突如として30分ほど前倒しされた。午前1時だと、今回の強盗の案件を持ちかけてきた犯罪組織が見張りを送り込んでくるため、それに先立って実行し、被害金を持ち逃げする計画に切り替えたのだ。

このとき新崎は既に、民家近くのコンビニの駐車場に車を止めて、矢継ぎ早に実行役たちに指示を飛ばしていた。テレグラムの通話機能を使って、つなぎっぱなしにしておくことなど、細かい指示を送った。

午前0時30分——。漆黒の闇の中を男たちは動いた。敷地の裏側へ回り込み、2メートルはあろうかという高い塀を乗り越えた。

実行犯3人のうち、最も年長の端本勝（仮名、当時26歳）が最初にエアコンの室外機に上り、1階と2階の間にあった屋根に身を移した。2階の窓ガラスにガムテープを貼り付け、叩き割って錠を外し屋内に侵入した。

端本が玄関を開け、茅ケ崎も押し入った。

その瞬間——。家中に警報アラームがけたたましく鳴り響いた。窓ガラスの破壊によって防犯セキュリティーが反応し、正規の方法で解除されなかったため発報したのだ。

「金庫はどこだ！」

男たちが叫ぶ。1階の奥、寝室の押し入れに金庫はあった。

茅ケ崎の耳元では、通話しっぱなしのイヤホンから、指示役の新崎ががなり立てていた。

「金庫は開けられそうか？　アンバン（暗証番号）を（家人に）聞いて！」

端本は家人の女性（当時88歳）を粘着テープで縛り上げ、包丁を突き付けて脅していた。

家中に鳴り響く警報音に茅ケ崎は焦り、うろたえ、混乱した。気付いたときには、女性は床に倒れ込み血を流し、うめきながら「助けて」「金庫の番号は分からない」と繰り返していた。

†逃走

茅ケ崎はもう一人の少年と2人で金庫を持ち出そうと玄関まで引きずっていった。リビングに戻り、金になるものがないか探した。

そのときだ。インターホンが鳴った。茅ケ崎は2階に駆け上がり外を確認した。セキュリティー会社の車が出入りを塞ぐようにして、門扉のところに横付けして止められていた。

「このままでは捕まる」

茅ケ崎は直感した。共犯の少年がリビングで見つけた金が入っていそうなポーチを受け取って、少年と一緒に裏口から走って逃げ出した。端本のことに気を配る余裕などなかった。裏庭の塀を越えた。茅ケ崎は少し走ってから、少年に言った。

「塀を飛び越えたときにポーチを落としてきた。先に行ってるから、拾ってきて」

少年は言われたとおり、戻って塀の周辺を探したが、ポーチも現金もなかった。

茅ケ崎は、GPSのデータを新崎に伝え、車で迎えに来てもらった。

茅ケ崎の手には、落としてきたはずのポーチがあった。中には現金24万円が入っていた。

茅ケ崎は報酬として5万円を受け取った。

車の中で、新崎は茅ケ崎に、「明日は、宇都宮で別のタタキの案件あるから、やって」と次の計画を相談したという。

茅ケ崎は小田急線相模大野駅で車を降ろされた。このとき茅ケ崎は、別のルートで綾瀬の強盗案件を持ち込んできた「マルヤマ」を名乗る男から激怒されていた。

「(綾瀬の強盗を)お前ら、勝手にやった?」

「新崎に言われて、やりました」

「勝手にやってんじゃねぇよ！」

端本はこの事件で住居侵入と強盗致傷などの罪に問われ、懲役7年の実刑判決を受けた。少年もその後逮捕され服役した。

†被害1000万円超

茅ケ崎はこのとき少年院を仮退院したばかりで保護観察中の身だった。捕まれば厳罰は免れない。茅ケ崎はしかし、綾瀬事件が実質的に失敗に終わったことに加え、マルヤマから激高されたことから、翌日の2020年1月12日には、全く別の犯行を引き受け、大阪市内で計画された強盗事件を実行するために電車に乗った。

翌13日午前0時ごろ、同市内のコンビニでマスクや手袋、ネックウォーマーを万引きし、さらに日付が変わった14日午前1時ごろ、同市内の民家に侵入し、全く別の共犯者2人と一緒になって、寝たきりの高齢者男性に包丁を突き付け「声を出すな」と脅し、現金40万円を奪って逃走した。

さらに翌15日から、28日までの2週間足らずで、10件の特殊詐欺に関与し、受け子や出し子を重ねた。その被害総額は約1054万円に上った。

茅ケ崎は、2020年6月、住居侵入、強盗致傷、詐欺、窃盗、電子計算機使用詐欺の罪に問われ、横浜地裁は21年5月、懲役12年の実刑判決を言い渡した。

†父の号泣

2021年11月、横浜地裁の506号法廷に新崎の父親の姿があった。証言台の前に立ち、がっちりした大柄な体軀を小さく丸め、親指を握りしめて嗚咽し、鼻水をすすり上げ、半ば絶叫するかのように言った。

「本当に……申し訳ありません！　私の育て方が、悪かった。本当に！　息子が迷惑をかけ、申し訳ありませんでした！」

裁判長が父に問うた。

「被害弁償だが、新崎君の社会復帰の後となると、高齢の被害者を狙った犯罪ということもあり、急がなければならないタイプの事件だ。準備はあるのか」

父は一層、背中を小さく丸めて、言った。

「まとまった金はないが、息子もどうやって、どういう風にしたらいいのか。自分、ばかなので、うまく言えないです。でも、本当に社会に迷惑をかけてしまい、そのことをずっと（逮捕から公判までの）1年半、考えてきました。被害者が、ご高齢ということで、少しずつかもしれないが（被害弁償を）やっていきたい」

何度も何度も言葉に詰まり、鼻水を手の甲で拭いながら、絞り出すように、言った。

父は突然立ち上がり言った。

「裁判長、ちょっといいですか」

傍聴席の隅の方に座る被害者の親族に向き直って、深々と頭を下げた。

「本当に申し訳ありませんでした！」

法廷に響き渡るほどの声で言った。新崎の父にとって精いっぱいの謝罪だった。

父の背中を直視することができない新崎は、床の一点に視線を定め、目元を赤くし、そして落涙した。

†高校を中退し人生の岐路へ

新崎は5人兄弟の真ん中、3男として生まれた。出身は東京で、すぐに静岡市へ転居し育った。「10代のころは多少やんちゃなことをしていたこともあったが」と父は言うが、

2度の交通違反がある程度で、記録に残るような前科、前歴はない。

新崎は高校に進学したが1年生のときに中退した。当時交際していた女性との間に子どもができたからだった。だが、その女性とは翌年には別れた。高校をやめて建築の仕事をアルバイトで始めたが、2カ月ほどしか続かなかった。

父は言う。

「厳しく育ててきたつもりでした。手を上げたこともありました。夜まで友人と遊んで、翌朝起きられず仕事に行かないときなど、殴ったりもしました」

遅刻をすると親方に怒られるので、それが嫌で、寝坊してしまうと仕事をさぼったという。そのような働き方では長続きしようもない。

新崎が18歳になったころに交際していたのは、介護の仕事に就く年上の女性だった。父は「この人なら一緒にやっていけるかもしれない」と思い、所帯を持つことを認め、背中を押した。

「自立させるというか。独立することで責任感を持つということもあるかと思いました。自分も結婚は早かったので」

それから実家に戻ってきたこともあったが、最後は家出同然で、実家を後にした。息子が逮捕されたという一報は、犯行の際に新崎と行動を共にしていた別の交際女性から聞いた。綾瀬の強盗事件の際、新崎が数十メートル離れたコンビニの駐車場で指揮していたとき、一緒に車中にいた女性だ。2歳になる女性の息子も車中にいた。新崎はその子を、我が子のようにかわいがっていたという。

父は続ける。

「強盗と聞いて、まさかと。そんな大それた犯罪ができるような子じゃないと思っていました」

同乗の女性とは、2019年11月ごろから交際を始めた。まさにこの前月ごろ、新崎は大門充宏と特殊詐欺を始めた。交際女性からは散々、やめるよう言われていたという。

†〝飛び〟が飛ばれて追い込まれ

詐欺グループに、自分たちの受け子や出し子を潜り込ませ、被害金を持ち逃げする〝飛び〟を専門に手がける組織を率いた大門の下で、受け子や出し子を勧誘したり、応募してきた者を詐欺組織に紹介したりしていた新崎が、2020年1月、大門との連絡を断ったのには、相応の理由があった。

新崎が使っていた受け子に、新崎自身が被害金を持ち逃げされたのだ。このことに大門が怒り、「飛ばれた金をツメろ（返済しろ）」と新崎は追い込みをかけられた。

〝飛び〟が飛ばれるはめになったのは、綾瀬事件の4日前、2020年1月7日に発生した「藤沢市なりすまし事件」と捜査関係者が呼ぶ特殊詐欺事件だった。


実行の前日、1月6日夜。新崎は馬場翔（仮名、当時18歳）とSNSを通じて連絡を取り合った。新崎がツイッターに投稿した「闇バイト」の募集に馬場が食いついたのだ。新崎は同日夜のうちに、神奈川県内の駅の近くで少年と待ち合わせ、車の助手席に乗せて面談をした。その時の印象を新崎は公判廷でこう説明した。

「（馬場は）慣れている感じで、これまでも特殊詐欺をやったことがあるのかなと思った。具体的な手口を説明しているときも、だいたい分かってるような受け答えで、スムーズだった。むしろ逆に、なめている感じもして、「もしかすると飛ばれるかもしれない」と、そのときは思った」

近くにある深夜営業の量販店へ一緒に行き、スーツ上下とシャツ、コート、バッグを新崎が買い与えた。

実行したのは、いわゆる「キャッシュカードすり替え型」の特殊詐欺だった。

†不審な封筒

藤沢市の高齢夫婦の自宅に電話があったのは1月7日午後3時ごろのことだった。河村静子さん（仮名、当時78歳）が自宅にひとりでいると、電話が鳴った。警察からで「生活安全課のムロイ」と名乗っていた。河村さんの実際の名前を呼びかけ、住所も分かった上で、話は進められていった。電話は「捜査官のハシモト」に代わり、こう言った。

「詐欺グループが藤沢を狙っている。河村さんが取引している銀行を教えてほしい」

河村さんは自分名義の口座がある大手銀行など数行を伝えると、ハシモトは言った。

「信用金庫の方に50万円の入金があったようです」

河村さんがそんな預金をしたことはないと答えると、ハシモトは畳みかけた。

「詐欺グループが現金をプールする（貯める）ために、河村さんの口座を使っているかもしれない。口座を一度止める必要がある」

電話を切らせず、ハシモトは話し続けた。

「うちの係の者が近くにいるので向かわせます。手続き上、うちの封筒にキャッシュカードを入れてください。まだ、係の者は着きませんか？　もう付近にいるはずなのですが……」

この数時間前、新崎と馬場は行動を共にしていた。「刺さった案件がある」と詐欺グループから馬場に連絡があったのだ。2人は車で藤沢へ向かった。馬場は新崎の車の中で詐欺グループとやりとりを続けた。

馬場は、詐欺グループからの指示で民家を探したが見当たらず、周辺をうろうろしていた。すると、玄関から出てきた高齢女性が手招きをした。

本来、実行するはずだった手口は、女性がキャッシュカードと暗証番号のメモを封筒に入れ、馬場が「割印が必要なので印鑑を取ってきてくれ」と女性に言い、女性が印鑑を取りに行った隙に、事前に用意した別のダミーのカード数枚を入れた封筒とすり替えて、偽の封筒の方に割印を押させて封をする、という手はずだった。そして、「この封筒は、警察から連絡があるまで開けないで、保管してください」などと言って立ち去る。本物のキャッシュカードとメモ入りの封筒は馬場のかばんの中というわけだ。被害者は、詐欺とは気付かず、警察からの連絡を数日待つため、発覚が遅れ、その間に犯人たちは消えてしまう。

ところが、馬場はしくじった。

河村さんは、渡された封筒にカードと暗証番号を書いたメモを入れ、男に手渡した。男は、その封筒に割印を押して、しかも封をしたのだ。その封筒をかばんにしまって、家から出て行こうするので、河村さんは不審に思った。

「どうも腑に落ちない……。なんか変だ」

さらに男は、一度出ていったのにすぐに戻ってきて、封筒を突き返してきた。そして再び立ち去っていった。みると封筒の割印は、途切れていて、開けた形跡が一目瞭然だった。中には無料で配られているポイントカードが入れられていた。

すり替わっている。そう気付いた河村さんはすぐに警察に通報したが、1つの口座から28万8000円が引き落とされていた。

†「だったら飛んだ方が」

このときのことについて、馬場は公判廷でこう振り返った。

「偽の封筒に割印を押してもらって、本物の方を持ち帰る、と新崎から説明を受けていたのに俺はテンパってしまっていて。カードのすり替えは、このときが初めてで、どっちに割印を押してもらうのか、分からなくなったのです」

馬場の耳には、つなぎっぱなしになっているイヤホンがねじ込まれ、詐欺グループの指示役から矢継ぎ早に命令が入っていた。

両方とも持って出てきてしまった馬場に指示が飛ぶ。

――一度中身を確認しろ。印鑑が押されてない方が本物だぞ。

慌てた馬場は、封筒を一度開けてしまい、本物のカードとポイントカードを入れ替えて、きれいに閉じて、女性に返しに行った。割印が途切れれば、当然、即座にばれると思うはずだが、馬場はそうは思わなかったようだ。

カード5枚を騙し取ったことを新崎に伝え、同時に、詐欺グループの指示に従って藤沢駅近くの大手銀行支店のＡＴＭから出金した。

馬場は出金の直後、新崎とも詐欺グループとも連絡を断ち、「飛んだ」。

このときの理由について馬場はこう説明した。

「金を下ろした後、思ったのです。詐欺グループの指示役にしろ、飛びの新崎にしろ、どっちにしろ報酬は10％。逮捕されるリスクを背負って3万円の取り分というのは少ない。そう思って、だったら俺が飛んでしまえ、と思い、そのまま現金を全て持って家に帰ってしまいました」

テレグラムを通じて馬場に脅迫文が届くのに、そう間はかからなかった。

「舐めたことしやがって！　家族を殺してやるからな」

†「逃げ切れないよ」

同じころ、新崎は大門から詰め寄られていた。

「今回の案件はキャッシュカード5枚だ。1枚当たり50万円だから、合計250万円だ。どうやって納めるつもりだ！　今すぐ馬場の家に行ってこい！　早く次の受け出しできるやつを探せ！」

新崎はこのころ、大門から毎月500万円を要求されていた。飛びを繰り返していたことが犯罪組織にばれて脅され、上納金が必要だから、という理由だった。

「（金を支払わないと）さらわれちゃうよ。分かっているの？」

大門は新崎にそう繰り返していた。

この「藤沢なりすまし事件」を引き金に新崎は大門の下を離れ連絡を断った。4日後、綾瀬事件が起きる。

綾瀬事件後に、逃亡中の新崎が大門に連絡を取ったことがあった。藤沢駅近くのファミリーレストランで2人は向き合った。新崎は、大門に相談していた。タタキをやって警察に追われている。助けてもらえないか。新崎は悲愴感に満ち、大門にすがった。

大門は言った。

「詐欺なら逃げ切れるが、タタキをやったらおしまいだよ。絶対に逃げられない」

綾瀬事件のおよそ半年後の2020年6月、新崎は住居侵入と強盗致傷容疑で神奈川県警に逮捕された。既に実行役の2人が逮捕され、県警が防犯カメラなどから新崎の行方を追っていた。

大門もこの7カ月後、詐欺や道交法違反（無免許）などの容疑で神奈川県警に逮捕されることになる。

新崎は、2021年11月から始まった公判で法廷に立ち、結審の日、最終陳述でこう言った。

「被害者の方々に怖い思いをさせ、ひどいことをしました。つらく苦しい思いをさせました。家族の立場からしたら許せることではありません。本当にすみませんでした」

検察は懲役15年を求刑、横浜地裁は9年6月の実刑判決を言い渡した。

判決理由で裁判長は、「実行役を統括する重要で不可欠な役割を果たしており、実行役と同等以上の責任を負うべきものである。そして被告人の専ら利欲的な犯行動機に酌むべき点はない」と切り捨てた。

その上で最後にこう付言した。

「被告人の父親が出廷し、被告人を監督していく旨述べていること、被告人に前科がないことをなどの事情を考慮すると、被告人に対して主文の刑に処するのが相当であると判断した」

第四章
暴力団と特殊詐欺

特殊詐欺グループの犯人たちが多用しているスマホアプリのアイコン

正体の見えない「指示役の男」とは何者なのか――。

既述してきた犯人たちが繰り返し口にしてきた「指示役の男」の存在。裁判で認定されることはほぼないが、公判廷供述の端々から浮かび上がる構図がある。1つは、指示役は、かけ子のグループと密接な関係がある。また、かけ子を専門とする詐欺グループが存在するという点だ。2つ目は、さらにその上層部に「かけ子グループ」と「受け子・出し子を指揮する指示役」の双方を、さらに総合的に統括する人物（組織）がある。そうした複層的な構図に加え、電話のかけ先をまとめた名簿や、名簿から特定した個人情報を提供したり、他人名義の携帯電話（飛ばし携帯）を調達したりする組織も存在している。

その上下関係と資金の流れを含めた全体像は、流動的かつ複雑で、さらに互いがその存在を隠し合って犯行に及んでいる。連絡手段に匿名性の高いメッセージアプリを使ったり、物品や現金、キャッシュカードの受け渡しに暗証番号や二次元コードで操作するコインロッカーが使われたりしているため、互いの存在を明確に把握し合っていない。このため、末端を逮捕しても捜査の網が広がらない。捜査機関も事件ごとの全体像を把握するにとどまり、関連する全てを捕捉できていないのが実情だ。だが、捜査関係者は言う。

「特殊詐欺を敢行する過程で、「暴力団等」が深く関与しているのは、ほぼ間違いない」

と。実際に起きた事件から、その背景や経緯を探る。

1　組関係者の関与が引き金

男（当時31歳）は、東北地方の駅のロッカーから現金を回収すると横浜市内へ移動し、事務所にある計数機に札束を突っ込んだ。「売上」は５００万円に上っていた。この金の出どころは、前日に東北地方の高齢女性を騙して手に入れた特殊詐欺による被害金だった。事の発端は２０１７年3月末。この日の午前中、東北地方に住む女性（当時77歳）の自宅に電話がかかってきた。

†典型「通帳をなくした」

「いま、おれ、病院にいるんだけどさ、病院で診察していたら通帳を入れたかばんをなくしてしまった。紛失したので通帳を止めたのだが、今日仕事で１２００万円が必要なんだ。お母さん、いくらか用意できない？」

女性は、声の調子から次男からの電話だと信じ込んでしまった。畳みかけるかのように別の電話がかかってきた。病院の「落とし物管理センター」の担当者を名乗る男が言う。

「かばんが届きました！　通帳も入っていますよ」

矢継ぎ早にまた電話がかかってくる。

「かばんを持ち去った犯人が捕まりました」

かばんも通帳も見つかった。ところが口座を止めてしまったため、出金ができない。いますぐに取引先にお金を支払う必要がある、というストーリーだった。

次男を騙《かた》る男から、また電話があった。

「俺の上司の大谷さんが800万円を用意してくれることになった。残りの400万円を貸して欲しい」

女性は、家の金庫に300万円の現金があること、銀行口座に数百万円の貯金があることを明かした。

次男を騙る男から、重ねて「上司の大谷さんの息子が（実家の）近くにいるから、駅の駐車場まで渡しにきてもらいたい」と連絡があった。信じ切っている女性は指示に従い、駐車場に止められていた車をノックし、言った。

「これを、お願いします」

車の中の男は黙ってうなずき紙袋を受け取った。

中には現金300万円とキャッシュカードが入っていた。

男は即座に動いた。近くのコンビニのATMに向かった。この男には指示役がいて、「セブンは1回の引き出し上限が20万円だからセブンに行け」などと具体的な指図があった。10回に分けて出金され、この段階で女性の口座から200万円が引き出された。

翌日、男は、女性から現金で受け取った300万円と、キャッシュカードから引き出した200万円、合計500万円の現金とキャッシュカードを手に、横浜へ向かった。

男が向かった先は、横浜市内にある指定暴力団稲川会三次団体の組事務所だった。男はこの三次団体に属する組員（当時32歳）の舎弟で、いわゆる「準構成員」や「関係者」「周辺者」などとされる立場だった。事務所では、さらに別の組員の舎弟がキャッシュカードを受け取り、コンビニでさらに20万円を5回、さらに4月に入って60万9000円を引き出した。この段階で口座の残高はほぼなくなり、被害総額は660万9000円に達していた。

†損害賠償請求

事件は、受け子を担ったこの男と、その兄貴分である暴力団組員が逮捕、起訴され、関わった男たちは有罪判決を受けた。

しかし事件はそれで終わらなかった。

被害女性が2020年2月、指定暴力団稲川会の最高幹部である総裁らと、実行役の組員など計7人に対し被害金や慰謝料など計約760万円の損害賠償を求めて提訴したのだ。末端の実行役を「使用していた者」への責任追及であった。

既に刑事事件で、受け子の男が指定暴力団稲川会の組員と共謀して女性から現金を騙し取ったとされ、判決が下されていた。組員の男は、別の事件の関与についても起訴され、検察側は懲役10年を求刑、裁判所は懲役8年の実刑判決を言い渡した。受け子の男が組事務所の計数機で現金を数えたり、騙し取ったキャッシュカードを同じ組関係者に渡して、さらに被害が拡大したことなども、この刑事裁判で認定されていた。受け子や出し子などの末端からの金が、暴力団等の組織に吸い上げられていたことがこのケースでは明らかになったのだ。

こうした事実を前提に始まった民事事件での争点は、「暴力団の威力を利用して不法に資金獲得行為を行ったかどうか」だった。

使用者責任の追及では、民法の共同不法行為（719条、709条、710条）を根拠に、二次団体幹部、三次団体組長について「使用者責任」（民法715条）、さらに稲川会最高幹部に損害賠償責任（暴対法31条の2、同条の3）、代理監督者責任（民法715条2項）が使われる。

使用者責任とはつまり、直接の騙す行為は当然のこと、具体的な詐欺行為や金の回収、運搬、上納などについて、一切指示をしていなくても、暴力団の組長には、組員が行った不法行為について責任を問える、という法律構成のこと。

民事訴訟で被告となった稲川会の総裁ら幹部と実行役側は、原告の訴えを判決で退ける棄却を求めて争っていたが、期日が重ねられた第5回口頭弁論で、被告側の弁護士が言った。

「和解の交渉がしたい」

2021年10月29日、請求額（計760万円）を上回る800万円を支払うことなどを内容とする裁判上の和解が成立した。和解成立時点で払い込みを済ませているという念の入れようだった。

和解内容ではさらに踏み込み、こう記載された。

「被告ら6名は、本件不法行為（特殊詐欺）について責任を認めるとともに、原告に対し深く陳謝する」

被告ら6人とは、事件当時会長だった辛炳圭氏（通称名・清田次郎）、当時理事長の内堀和雄氏（同・内堀和也）のほか、傘下二次団体幹部、三次団体組長、三次団体構成員、共犯者のこと。指定暴力団最高幹部が、「特殊詐欺の責任を認め」たことの意義は極めて大きい。

和解の潮流

この事案と同時期に、全国の地裁で同種の裁判が大きく動いた。2019年に東京地裁で稲川会を相手取って提訴した原告は、一審で敗訴したものの、2021年3月に東京高裁で逆転勝訴するに至った。請求額は2150万円で、同年9月に上告が棄却され、1320万円を支払うことを命じた高裁判決が確定した。

このときの争点も、「稲川会の威力を利用した資金獲得行為といえるか」だった。この事案では、末端の実行役が、指示役について「暴力団だろうな、とは思っていたが、具体的にどの暴力団かは分かっていなかった」というケースだった。だが、そうした場合でも、使用者責任が問える判例として定着するに至った。

全国で提訴されている同種の裁判で、特殊詐欺に組員が関与したケースは、2021年に入ってから、暴力団側が判決を受ける前に和解に応じるようになってきた。

2021年2月には住吉会系組員らが関与した特殊詐欺事件で、被害者45人が最高幹部らに損害賠償を求めた集団訴訟の判決があり、東京地裁は原告のうち41人に対し計約4億6400万円を支払うよう言い渡した。控訴審では、刑事事件で立件された別の被害者らの訴訟が併合審理され、同年6月に和解が成立した。住吉会側が、被害者側計52人（遺族を含む）に、詐欺被害の総額を3000万円以上上回る計約6億5200万円を支払うに至った。

こうした流れは続いていて、2022年6月には、指定暴力団神戸山口組系組員らが関与した特殊詐欺事件の被害者らが、同組の井上邦雄組長ら幹部3人に計約646万円の損害賠償を求めた訴訟について京都地裁で和解が成立した。経済的損失と精神的苦痛を与えたとして謝罪し、和解金約318万円を支払うとする内容だった。このケースは、京都市や宇治市などに住む80代の女性ら6人が原告となって提訴した。6人は２０１９年9月〜12月にかけて詐欺グループから「キャッシュカードが不正利用されている」などと言われ、それぞれ50万円から１００万円を騙し取られていた。

†ある通知文

ここに一通の「通知」がある。稲川会最高幹部から同会会員に向けて２０２０年5月に発出された告知だ。


謹啓　貴家御一統様には益々任侠道に邁進している事と存じます。

扨而《さて》、予てより「稲川会会員は日本古来伝統の任侠の精神に則り社会貢献に務める事を旨とせよ」の言葉通り、精神に基づいて行動すべき事を再三通知している。然るに近年、時にいわゆる「振込詐欺等の特殊詐欺」に及ぶ者が後を絶たず現れている。

一般に犯罪行為が許されない事は当然であるが、特にこの種事犯に及ぶ事はもっての他である。特殊詐欺は、何ら落度なく判断能力が低下している老人等を狙い撃ちにし、個人的な生活資金を騙し取るもので有って、誠に卑劣である。依って此処に改めて、稲川会　全会員に対して又、稲川会関係者（会員と親交を有する者）に特殊詐欺への関与を絶対に無き様、再度厳禁する。関与するとは、

・特殊詐欺を企てて首謀する事。

・その実行行為の一部にでも加担する事。或いは、関与行為に及んで要る者に何らかの便乗を提供して協力する事。

・この種事案に加担して利益を得ている者から、如何なる名義名目によらず、直接間接を問わず　又はその全部、又、一分を問わず、此れを受領する。以上を言う。

斯くして右、事件行為発覚、関与が明らかとなった時には、「理由の如何を問わず破門・絶縁　等、厳重なる処分を科す事とする」本通知は、稲川会全会員に宛て発するもので有る。

本通知を受けた各一家総長、各組々長は自己の直近末端組員迄、通達する様　告知すると共に各事務所に本通知を掲示致し規約内容を周知せしめなければ成らない事とする。

右、御通知致します。

敬　具

令和二年五月

稲川会理事長　貞方　留義

稲川会総本部

稲川会全会員各位

稲川会と傘下団体の組員（構成員）やその周辺者も含めて、特殊詐欺への関与を厳禁するよう強く求めている。暴力団対策に詳しい弁護士によると、指定暴力団の多くはこうした通知文を組関係者や傘下組織に発出し、特殊詐欺への関与をやめるよう求めているという。だが、暴力団関係者が特殊詐欺に関与する事案はその後も続出しているのが実態だ。

2　途絶する資金源

「もう、暴力団の資金源はここしかないんだ」

暴力団対策（暴対）を担当して40年になるという捜査関係者は眼光鋭く、筆者のノートを指さし言った。その先には「トクサギ」（特殊詐欺の略称）の4文字があった。

捜査関係者は断じる。

「トクサギは、末端の受け子、出し子から、リクルーター（勧誘役）、そして指示役によって実行されている。その上層部に捜査を突き上げていけば、その多くは暴力団か、その関係者が何かしらで関与している」

詐欺グループは、多層的な上下関係を構築し、末端の実働部隊である下層と、指示役から上の上層部に分かれる。連絡の多くは秘匿性の高い通信アプリが使われ、捜査が及べば末端はあっけなく切り捨てられる。末端の逮捕から、その上の勧誘役や指示役へと捜査の手を延ばす「突き上げ」が難しい。

†リクルートの方法

捜査関係者は、「テレグラム」や「シグナル」というアプリ名を挙げ、証拠が次々と消えていく仕組みを解説する。

「ユーザー側が設定した時間でメッセージの内容や通話の履歴が自動的に消えていくようになっている」

5分、10分、3日などと自由に設定できる。さらに「シークレットチャット」という機能を使うと、勝手にどんどん通信内容が消えていく。サーバーにも残らず、復元もできない、とされる。

詐欺グループのうち「リクルーター」と呼ばれる者たちが、多くのユーザーがいるツイッターに「闇バイト」「短期間で高収入」「1日10万円も可能」などと投稿し募集をかける。応募してきたユーザーとは、ツイッター機能の「ダイレクトメッセージ（DM）」でちょっとしたやりとりを済ませ、具体的な指示や「仕事」の内容を連絡するために、テレグラムやシグナルのIDを求めてくる。ツイッターを使い続けると、DMのやりとりも含めてサーバー上にデータが残るからだ。ツイッターやライン（LINE）は端末上で削除しても、警察による捜査でやりとりを差し押さえることができる。

前述したところだが、募集をかけるのと、テレグラムで連絡を取り合うのは、別の人物というケースは少なくない。ツイッターでは記録が残るため、アカウントを突き止めれば、使われたスマホ端末やIPアドレスをたどることはできる。だが、実際にその投稿を行った人物が誰なのかを特定し、証拠として成立させることは想像以上に難しい、と捜査関係者は言う。

記録がデータ上で残るツイッターでさえ証拠をそろえるのが難しいのであるから、データが自動的にサーバー上からも消えていく仕組みの通信アプリが使われた場合は、関係性を立証することは相当困難だ。捜査段階で被疑者が「それは私が投稿した」とか「〇〇と名乗る人物と連絡を取り合ったのは私だ」などと容疑を認めたとしても、裁判で有罪とするには、合理的な疑いがない程度の立証が必要になることは言うまでもない。

実際の捜査で、通信データがどこまで復元できているのか、逮捕、送検、起訴、公判で示される証拠から計り知るしかないところだが、テレグラムやシグナルの通信記録が証拠で登場するケースは確認できない。捜査関係者も「ツイッターのDMや、ラインは通信内容が残るが、テレグラムやシグナルは残らない」と話す。

これは実際にあった事件の証拠だが、関わった共犯者がテレグラムで送られてきた指示の内容やマニュアルを自分のスマホ端末にスクリーンショットで画像として残していて、それが全て押収されたケースがあった。本人は、「どんどん消えていってしまうので、分からなくなってしまう。念のため（端末に）残しておいた」と逮捕後に説明していた。そうした数少ない事例はあるものの、徹底して秘匿性の高い通信アプリが使われた場合は、犯行の指示・命令系統をたどることは難しい。

†突き上げ捜査の困難

こうして、実行役の末端を逮捕したものの、その上層への「突き上げ捜査」は困難を極めている。

前出の暴対担当の捜査関係者は釘を刺すように言う。

「ただ、まったく検挙できていないわけではない。アプリを使わずに、地元の先輩、後輩の関係で犯行に及んだ場合は露見しやすい。実行役が逮捕されて自供し、裏付け捜査で物証がそろえば、突き上げられる。そうしたケースがないわけではない」

一方で、上層部の摘発につながるケースと、そうではないケースとがあり、摘発につながる事件は相応の理由があるという背景を踏まえれば、実際の被害のうちのその多くに、暴力団が関与していることが透けて見えてくる。

第三章で登場した、飛びグループの首領、大門充宏（仮名、逮捕当時27歳）が、興味深いことを言っていた。

「詐欺グループの上をたどると、だいたい3グループくらいに分かれる」

大門本人は、自分の上に上層部があると供述していたが、捜査関係者は大門がトップにいたとみている。また、第一章の赤城茂（仮名、同35歳）も〝独立系〟とされ、その上層部に暴力団は存在しないとされる。

ただ、このように、グループ全体が壊滅に追い込まれる事案はごく一部で、実際には末端ばかりが逮捕され、上層部にたどりつけることはほぼない。

暴力団に詳しい捜査関係者は言う。

「奴らもバカじゃない。捕まらないために、最新の仕組みを使って、突き上げ捜査を遮断するよう、末端たちに教え込んでいる」

上層部の「暴力団」がかつてほど単純な構図ではなくなった点も、捜査を難しくしている。組員だけでなく、準暴力団（準暴）や、半グレと呼ばれる暴力団とは直接の関係がないものの反社会的な犯罪行為を厭わない集団など、多様化しているからだ。

別の捜査関係者は、ため息混じりに言う。

「昔みたいに分かりやすいことはなくなった。でも結局は同じですよ。犯罪だとしても、仮に人を傷つけたり財産を奪ったとしても、構わずにやることで何らかの金銭や利益を得る人たちの集まりです。どうして現在のように分かりにくくなったのかといえば、それは暴力団対策法の功罪のひとつといえるでしょうね」

漸減する構成員と〝しのぎ〟

「ちょっと前までは、「ノミ行為」とか、「占有屋」「総会屋」というのが、暴力団の伝統的な資金稼ぎの手法だった。ところがこれらの〝しのぎ〟は、法改正が進み徹底排除されるようになっていきました」

暴力団対策法（暴対法）が施行されて2022年3月で30年の年月が経った。この間に、暴力団構成員は急激に減少し、暴力団が関係する犯罪全体も減り続けている。

警察庁組織犯罪対策部による「令和3年における組織犯罪の情勢」（令和4年3月）によると、構成員等（準構成員等を含む）は、2005年の8万7000人をピークに減り始め、特に2010年ごろから毎年5000～1万人規模で減少していった（次頁の図）。ここ数年は減少に鈍化がみられるが、2021年末で総計は2万4100人と、20年弱で7割余り減った。2006年ごろに構成員の数を上回った準構成員等も、2014年ごろから急減に転じ、構成員と準構成員等はほぼ同数となっている。

警察庁によると「準暴力団」とは、暴力団のような明確な組織構造はないものの、これに属する者が集団的、常習的に暴力的不法行為などを行っている「暴力団に準ずる集団」

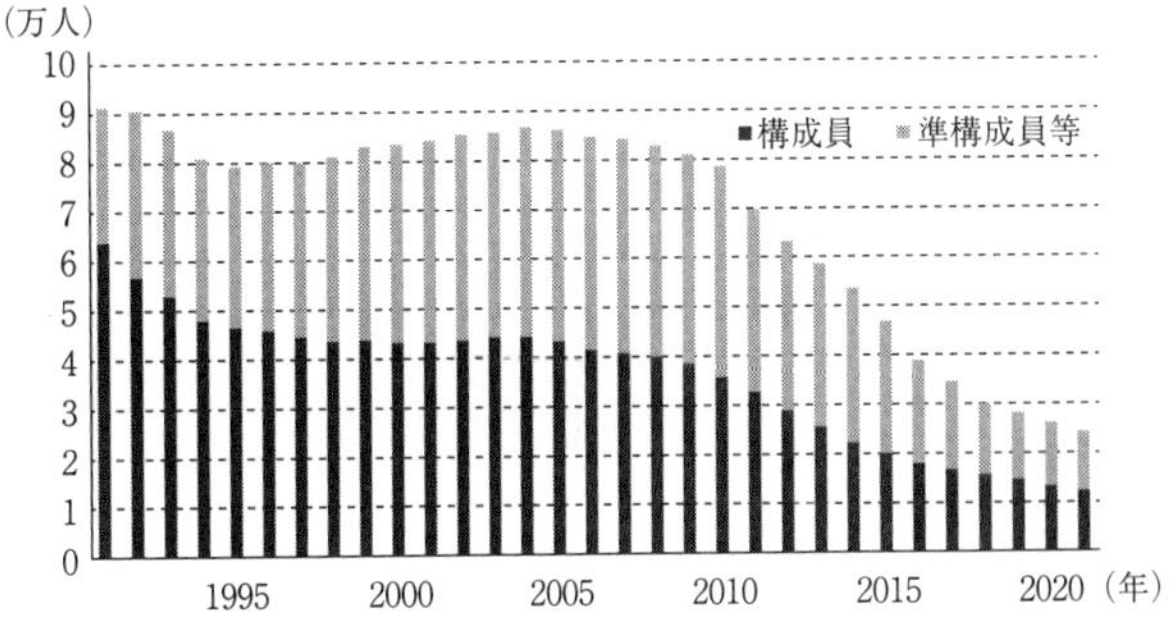

暴力団構成員等の推移。警察庁組織犯罪対策部「令和３年における組織犯罪の情勢」より作成

のことである。警察庁の資料によると、近年、準暴力団や、さらにこれに準ずる集団に属する者が、繁華街や歓楽街で、集団的・常習的に暴行、傷害などの事件を起こしていて、違法な資金獲得活動を活発化させている実態がみられるほか、暴力団とも関係を深め、犯罪行為の態様を悪質・巧妙化している状況がうかがわれる、とされる。

こうして多様化しつつも、構成員等の人数は漸減し続け、その影響力は減衰し、したがって資金調達が難しくなり、構成員等が減っていくという、縮小スパイラルが続いている。

暴対法だけでなく、関連する法改正や警察当局の働きかけもあって、企業や社会の側が暴力団排除の姿勢を鮮明にし始めたのも大きい。毅然とした態度を示した方が将来的なリスクを一掃できるという常識が浸透したというわけだ。関わった芸能人やお笑い芸人が数年間にわたり自粛、あるいは引退に追い込まれるなど、暴力団と関わることが社会的に許されない行動だと見做されるようになった。

企業の不祥事も、事前に発表することを選択するケースが少なくない。「コンプライアンス」（法令順守）を重視しているという企業イメージにもつながっている。

株主総会で進行を妨げ、あるいは妨げないことと引き替えに、金銭を要求する「総会屋」も、商法の度重なる改正によって縮小していった。2005年制定の会社法では、株式会社による利益供与の禁止（第120条）が定められ、違反した取締役は3年以下の懲役または300万円以下の罰金（第970条）と規定された。

警察庁の資料によると、2012年に280人いた「総会屋」と称される人は、2021年時点で180人となり、減少傾向が続いている。

†「占有屋」の排除

「占有屋」も同様の傾向をたどっている。

占有屋とは、競売にかけられる住戸に根拠なく居座って、高額な立ち退き料を要求する人のこと。借金のかたにその住戸に抵当権が付され、返済ができなくなった場合に、競売にかけて貸し倒れを防ぐわけだが、いざその競売対象の家に行ってみたら、知らない人が住みついている、というケースだ。虚偽の賃貸借契約を持ち出して、「出ていって欲しい？　だったら相応のやり方があるだろ？」などと立ち退き料を要求する。

本来であれば、法的な権利がないのに占有しているのは違法だが、かつては刑事罰が定められていなかったため、合法的に立ち退かせるには、民事手続きに頼るしかなかった。法的根拠がなかったとしても、その額が法外だとしても、時間と労力を費やす民事訴訟と比べて安上がりであれば、泣く泣く払ってしまっていたわけだ。

こうした不法に支払われる金銭は暴力団等の反社会的勢力の資金源となっていた。だが、ここも法改正によって穴は塞がれていった。

占有屋が悪用していたのが「短期賃貸借保護制度」という民法上の規定だった。これは、抵当権の登記後に設定された短期間賃借（住宅の場合は3年間）を抵当権者から保護するための制度だった。

つまり、家の貸し主（大家）が、金を借りるために抵当権を設定し、その後に、その家を借りて住んでいた人を保護する規定だ。大家が借りた金を返済できず、抵当権が実行されれば、賃借人は退去しなければならない。この規定を逆手にとって、賃借契約を捏造し居座る、というわけだ。3年間も出ていってもらえず、近隣にも悪評が立ち、物件の価値も下落しかねない。

この「短期賃貸借保護制度」は悪用事例が際立っていたことから2003年に廃止された。その代わりに賃借人の保護のために、競売前に占有していた人は、落札から6カ月は引き渡しの必要がないとする規定が新設された。この制度改正で、保護される一方で6カ月後には立ち退きが必要となった。さらに落札後には、借り主は賃料を払わなければ保護が受けられない制度のため、居座ることで法外な立ち退き料を要求することなど全くメリットがなく、まかり通らないこととなった。

加えて、占有屋を排除しやすくするために占有者不明のままでも明け渡し命令を出せることになり、占有屋のメリットはさらに削がれていった。

さらに、競争入札妨害が2011年の刑法改正では犯罪となったのだ。新設されたのは「公契約関係競売等妨害罪」（刑法第96条の6第1項）で、偽計・威力を用いて、公の競売・入札で契約を締結するためのものの公正を害すべき行為を罰する。法定刑は3年以下の懲役もしくは250万円以下の罰金と、決して軽くない。

犯罪となったことで、徹底的に排除されることになった。不法に占拠などしたらすぐに逮捕されてしまうため、値をつり上げたり、本来払う必要のない退去一時金を解決金などと称して支払わせたりすることができなくなった。居座られた大家の方も、犯罪であれば躊躇なく通報できるようになった。

†徹底した暴排

警察庁では、暴力団等による「伝統的資金獲得犯罪」として、「覚醒剤取締法違反」「恐喝」「賭博」「ノミ行為等」の4類型を位置づけている。この4類型の犯罪の検挙人員に占める暴力団構成員等の割合は年々減少し、2012年時点で検挙人員8209人のうち暴力団構成員等は53・3%だったが、2021年には検挙人員3590人（38・3%）と、15ポイントも下がった。

特に「ノミ行為」の検挙人員に占める暴力団構成員等の割合は、2012年時点で94%だったが、ついに2021年に検挙人員もゼロとなった。もはや誰もノミ行為で検挙されなくなったのだ。

ノミ行為とは、競馬・競輪などについて、法律で決められた団体や地方公共団体以外の者が、馬券・車券などを発売するなどの行為を行うことをいう。預かった金で（酒を）呑んでしまい、仮に当選した場合だけ自腹で払おうとすることから「ノミ行為」と言うようになったという。

暴力団に詳しい前出の捜査関係者は言う。

「昔は、場外馬券場や車券場はそう多くなく、遠方の人が賭け事をしたいときには、暴力団関係者が営んでいるところへ行き、ギャンブルを楽しんでいた。ところが、いまや全部ネットで購入できてしまう。スマホひとつで馬券が買えてしまう。そうなれば、何もそんな危ない商売のところで賭け事をする必要はなくなってしまった」

ノミ行為での配当が割高だったり、ギャンブル性が高かったりしたようだが、近年は馬券も先頭3着を的中させる方法など、倍率が高くなり、スマホの普及、公営ギャンブルの浸透に加え、徹底したノミ行為の摘発によって、需要が剝落していった。

こうした徹底的な法改正と社会全体に浸透した〝暴排〟によって、種々様々な資金源が微に入り細に入りことごとく断たれていった。キャバレーやスナックなどの「おしぼり代」「氷代」などとして金銭を得ていた〝しのぎ〟も暴排の名の下に徹底的につぶされ、多種多様なトラブルを暴力団等の名を示して解決する〝ケツ持ち〟の関係も断たれていった。関与した飲食店側が警察から注意を受け、時には名前を公表されるなど制裁を受けるため、関係を続けると商売がしにくい構図ができあがったことも大きい。

公共事業から暴力団を締め出す取り組みも強化の一途をたどった。国では、2006年の犯罪対策閣僚会議で、公共工事からの排除や、暴力団員等による不当介入に対する通報報告制度の導入を政府として進める方針を確認。2021年末時点で、全ての省庁で、発注する公共工事から暴力団を排除する枠組みが構築された。

地方自治体でも入札への暴力団の介入を排除すべく条例を定めていった。2016年には全都道府県で、全ての公共工事を対象に暴力団排除条項を整備した。測量や建設コンサルタント、さらには物品・資材調達など、ありとあらゆる公共契約で暴排条項が盛り込まれていった。市区町村単位でもほぼ全てで整備が完了している。

†そしてトクサギへ

こうして、全方位的に暴排が徹底され、資金源を次々と断たれていった暴力団が資金源として目を付けたのが20年ほど前から隆盛した「トクサギ」(特殊詐欺の略称)だった。

警察庁のまとめた資料によると、2021年の特殊詐欺での検挙人員（2374人）に占める暴力団構成員等の割合は13・6％（323人）と決して高くはない。だが、その中身を詳しくみると、そうとは言い切れない現実が浮かび上がる。

事件全体は前述したように、かけ子、受け子、出し子、運搬役などの末端と、その末端に指示を出す「指示役」や末端を勧誘する「リクルーター」のほか、かけ子を統括する「班長」など中間管理職がいる。さらにその上層部に騙し取った金を吸い上げる首領や首魁、トップと呼ばれる幹部がいる。

警察庁の資料では、犯行グループの中枢のいわゆる主犯被疑者（グループリーダー、首謀者など）を「中枢被疑者」と位置づけている。つまり、それ以上の上層がいないトップのことである。この中枢被疑者の検挙人員は2021年は43人で、全体の検挙人員と比べるとわずか1・8％にとどまっている。つまり、検挙された人の98・2％は末端だったということだ。この中枢被疑者のうち暴力団構成員等の割合は39・5％（17人）に上り、リクルーターは39％（62人）だった。暴力団構成員等が、トクサギに深く関与し、犯罪全体を統括、牽引する役割を担っている構図がみえてくる。

具体的な検挙事案では、例えば、京都府で2019年11月、家電販売店員などを装って高齢者の自宅を訪れた「受け子」の男が高齢者からキャッシュカードを騙し取るなどした特殊詐欺事件に関して、2021年6月までに、犯行グループを統括していた指定暴力団神戸山口組傘下組織幹部を含むメンバー計33人が詐欺罪などで逮捕された。

†「詐欺」の圧倒的な増加

警察庁の別の統計データでも、暴力団構成員等の関与が高水準で推移し、2021年には他の犯罪は減少しているのにもかかわらず、詐欺が増加に転じた数少ない犯罪であった。

そもそも、暴力団構成員等の検挙人員は減少傾向が続いている。母数が大きく減っているため当然といえば当然といえる。2017年に1万7737人だった検挙人員は、2021年には1万1735人まで減った。詐欺はその中で13・2%で、前年より増加し1555人に上った。特別法を含めた罪種別比較では、覚醒剤取締法違反の2985人に次ぐ人数の多さだった。

2017年時点では、暴力団構成員等の検挙人員が最も多かったのは覚醒剤取締法違反で4693人とダントツ。次いで多かったのは傷害罪だった。傷害罪は減少傾向が続き2021年には35％減の1353人だった。この直近5年間の推移で比較すると、詐欺罪は減少せず、暴力団構成員等の詐欺関与がむしろ増加に転じている。

暴力団に詳しい捜査関係者は言う。

「結局、これまでと同じなんです。覚醒剤にしろ大麻にしろ、賭博にしろ同じ。素人がやれば、「どこの組のもんだ」と脅されて、言うことを聞かなければ拉致・監禁されたりする。薬物でいえば、暴力団の側が買い手になって、売りに来た人間を脅して上層部を吐かせればいい。特殊詐欺も同じだ。たどっていけばどこかで暴力団が何らかの形で関与しているケースがほとんどだろう。例えば、他人名義の「飛ばし携帯」を調達したり、嘘の電話をかける先の「名簿」の売買を仕切ったりしている場合もあり得る。非合法に荒稼ぎできる手法があれば、どんどん暴力団が入り込んでくると思った方がいい」

テレビ静岡が2022年7月13日に配信した「特殊詐欺グループの脱退阻止か　組関係者ら逮捕」と見出しが打たれた記事は、まさにそうした暴力団の関与とその内実を際立たせる事案であった。以下、引用する。

「特殊詐欺グループを抜けようとしたいわゆる「かけ子」の男を、監禁し殴るなどしてけがをさせた上詐欺を強要したなどの疑いで、警察は暴力団関係者の男など3人を逮捕しました。3人は、2022年3月、特殊詐欺グループを抜けようとした20代の男に「なにバックレてんだ。殺すぞ」などと脅し、都内の雑居ビルに監禁して殴るなどしてけがをさせた上「グループに入った以上、簡単には抜け出せねーんだ。1300万稼ぐまで、かけ子やれ」などと詐欺のかけ子をするよう強要した疑いがもたれています。20代の男が監禁から逃げ出し、沼津警察署に駆け込み事件が発覚しました。また警察は被害者の男を含む5人を、「かけ子」や「うけ子」として高齢者からあわせて現金約790万円をだまし取るなどした疑いで逮捕しています。警察によりますと、監禁などをした男の1人は指定暴力団・住吉会系の組関係者とみられ、特殊詐欺の被害金が暴力団の資金源になっていた可能性があるとみて実態解明を進めています」

特殊詐欺は、暴力団等と密接な関係によって成り立ち、その害悪がまた別の犯罪を誘発するスパイラルとなる構図が浮かび上がる。被害者には財産的損害だけでなく精神的苦痛も与え、さらにその被害金は反社会的組織の資金として流れ、反社会的な用途へ費やされていく。特殊詐欺に関わった人間たちがさらなる凶悪犯罪へと突き進んだり、拉致・監禁や傷害の被害者となるケースもある。「詐欺」という財産犯の余波が、社会に与えている害悪は計り知れないものになっている。

第五章

人生を見つめ直す加害者

特殊詐欺では多くの場合、コンビニATMなどで出金・送金が行われている

本章では、特殊詐欺の実行犯として逮捕、起訴された者たちへの取材を通じて、加害者側の実相に迫る。

1　ある実行犯の生い立ち

男は、実働日数わずか2週間で総額3000万円超を騙し取った。数多くの特殊詐欺事案をみてきたが、これほど短期間に、高額の被害を出した容疑者を知らない。男はどう生まれ育ち、何をきっかけに犯罪に手を染め、いま拘置所の中で何を思うか——。

2022年6月、ぎらつく太陽の下、真っ白な壁が高くそそり立つ横浜拘置支所（横浜市港南区）に向かった。裁判で判決の日を待つ男に会うために。

†連続窃盗犯の横顔

1つ目の受付で、面会したい被告の名前と、自分の住所や氏名を用紙に記入し、通信機器や録音機、イヤホンなどをロッカーに預け、金属探知機でポケットに何か隠し持っていないか検査される。かばんの中をチェックされ、問題ないと確認を受けると、2つ目の受付へ進む。接見禁止処分を受けているのかどうかは、2つ目の受付で分かる。

2つ目の受付では20～30分、長いときには1時間ほど待たされることもある。被告が運動や入浴をしている場合があるからだ。この日、待合室には2、3歳の子どもと、生まれたばかりの乳児を抱きかかえる茶髪の母親、そしてその母親の親族と思われる女性の4人組が先に待合室で呼び出しを待っていた。

小さな子どもは、呼び出しの声がかかると「パパ？　パパいるかな？」とはしゃぎ回りながら面会室へ家族と入っていった。少しすると、面会室からは大げさすぎるほどの笑い声と、歓談が聞こえた。

40分ほど待つと呼び出しの声がかかった。

「4番の部屋、行って。ノートと筆記用具以外はロッカーに入れて。そう。そこ」

官吏はひどく退屈なルーティンワークにうんざりしている風に指さした。

起訴された分だけで約3345万円もの被害を出した鴻上貫（仮名、逮捕当時21歳）は、面会室4番に姿を現すと、軽く頭を下げて分厚いアクリル板の向こう側に置かれた椅子に腰をかけた。細い棒のようなマイクと、金属製の小さな箱形をしたスピーカーが向こうとこちら側に備え付けられ、会話を交わす。

粗暴な雰囲気はない。多額の現金を高齢者から騙し取り、騙し取ったキャッシュカードでATMから現金を引き出し続け、詐欺や窃盗で逮捕、起訴された〝犯罪者〟という印象は一切感じられない。

特に困っていることがないか、と尋ねると、「特にないですね」と温和に答え、実父が面会に来てくれていること、実母やその夫は来ていないことを淡々と明かし、生い立ちを明かしてくれた。

†「最後のご飯だよ」

京浜工業地域と住宅街が混在する下町。大型トラックやコンテナを詰んだ輸送車両が数多く行き交う川崎市川崎区で鴻上は生まれた。

3歳のころに父と母は離婚し、母と祖母に育てられた。

鴻上の記憶では、母は一度も働いていたことがない。3人は生活保護を受けて暮らしを維持していたという。保育園に通っていたが、まともに送り迎えをしてもらった記憶がない。ひとりで家から歩いて行ったり、登園してこないと保育士が家に迎えに来たりした。

「大きくなってから気付いたが、うちはちょっとおかしかった」

鴻上が5歳ごろのことだった。祖母がくも膜下出血で入院し、その見舞いで母と病院へ行った。待合室で鴻上がひとりでテレビを見ていると、大人の男性から話しかけられた。

「お菓子、食べる?」

男性はアキレス腱を切って入院していた。鴻上は母から、知らない人から何かもらっちゃだめだよ、と言われていたので「いらない」と素っ気なく答えたのを、なぜか今も鮮明に覚えている。

そこへ母が戻ってきた。「どうもすみません」「いやいや、いいお子さんですよ」などと大人同士の会話が交わされた。

2人がどういう経緯で親密になったのかは知らない。鴻上が保育園を卒園するころ、母から「結婚しようと思うんだけど」と相談され、「いいんじゃないの」と答えた。

小学校に入るころ横浜市内へ転居し3人で暮らすようになったが、早くもその前後から、いさかいが絶えなかった。海上自衛隊の自衛官として働く「新しい父」が、別の女性とも交際していることが発覚し、凄まじい言い争いになった。

鴻上が小学3年生のころだ。2人がまた激しいけんかを始めた。いつになく互いに激高し、「出ていく」「出ていけ」という口論に発展した。母が、「これが3人で食べる最後のご飯だよ」などと言いだし、そのまま、2人は相次ぎ家を出て行ってしまった。9歳の男児をひとり、家に残して。

鴻上は、連絡先を知っている数少ない大人のひとり、実父に電話をかけ事なきをえた。

まだ幼いころに両親が離婚したことで、実父について鴻上は多くのことを知らない。川崎市内に拠点を置く暴力団の構成員だったこと。罪を犯し、逮捕され、鴻上と同じ川崎警察署に留置、横浜拘置支所に勾留され、実刑判決を受けてどこかの刑務所で服役したこと。この暴力団は組長が亡くなったことで解散し、複数の指定暴力団に吸収され、実父もそのとき「足を洗った」こと。いまでは会社員として働いているという。

†選抜、推薦からの中退

横浜市内の公立中学校に進みバスケ部に入ると、頭角を現した。現在の身長は174センチ。「小6のときから身長はほとんど変わらない。中学生になってから3センチしか伸びなかった」と笑う。

ポジションはフォワード。さほど身長は高くないが、秀でていたのは得点力だった。特に、ゴールから約6・7メートルの距離から放つスリーポイントシュートの成功率が高かった。中学では、スリーポイントシュートの練習で、50本中48本を決めたこともあった。横浜市の選抜選手に選ばれ、全国選抜の候補入りした。実力を見いだされ、横浜市内の私立高校にスポーツ推薦で進学した。高校1年の公式試合中には、放ったスリーポイントシュート11本中8本を成功させ周囲を圧倒させた。「決めるプレーヤー」にはボールが集まる。隙あらばスリーを放つ鴻上に厳しいマークがつくことも少なくなかった。高校のバスケ部では1年生にもかかわらずスタメン入りするほどの素質があった。

しかし上級生に恵まれなかった。口うるさい先輩が、あれやこれやと指示を出す。実力の乏しい部員が、バスケと関係のない決まりごとを偉そうに押しつけてくる。心底嫌気がさした。

「納得できないことに対して強く言い返しちゃうほうで。うまくいかなかった……」

スポーツ推薦で入学していることから、部活をやめるということは、高校をやめるということだと思っていた。部活も高校もやめると母に言うと、猛烈に反対された。そして母は、「そんなに弱い子じゃないはずだ」と言った。

鴻上は鼻白んだ。

「母親は一体、俺の何を知っているというのか。大した会話をしたこともないのに」

鴻上は高校に進学して1年足らずで中退してしまった。母と交わした「高校やめるなら、正社員で働く」という約束を守ろうと頑張ったがそれも実らなかった。

鴻上は、「このころから道がずれていったのかな」と顧みる。

†「もう帰る家はない」

鴻上は、年を重ねるごとに自身の境遇を自覚するようになっていった。家にひとり放置されていたのは「ネグレクト」だろう。母は保育園にさえきちんと送り迎えをしてくれなかった。ひとりで保育園まで歩いて行ったり、保育士が度々家まで迎えに来ていたりした。中学生になり、弁当が必要になったが、母は「言うことを聞かないから」などという理由で、鴻上に白飯と缶詰を持たせた。

「こんな小さな、酒のつまみに食べるような「やきとり」の缶詰ですよ。母は自分で朝晩、食事を作って食べているのに。晩ご飯が缶詰1つだったのは、1日や2日のことではありませんでした」

思い返せば鴻上が中学生のころ、母は壁に耳をこすりつけて「静かにして！　声が聞こえないじゃない！」と言っていた。いま思えば、何かが変だった。もう帰る家はない、と高校を中退してからずっと思っていた。あそこには帰れない。戻りたくない。

生活を成り立たせるために、どうしなければならないのか。生きるために身を立てるには、何が必要か。そうした現実的な方法を知るすべはなかった。ないまま、年を重ねていった。

高校をやめて働き始めたものの、どれも長続きせず、アルバイトを転々とした。コンビニで2カ月、その後、居酒屋で週に3日のシフトで数カ月働いた。だが仕事はつらく朝起きられなくなり、言い訳をして休むようになった。やがて無断欠勤し店長に激怒され、やめた。タイル施工の会社でも働いた。日当9000円の仕事で割が良かったが、やはり続かなかった。

この間に、アルバイトの給料や日当で、わずかばかりだが毎月数万円の、自由になる金を手にするようになった。仕事のストレスもあった。地元の仲間と夜中に遊ぶようになった。気付けば鴻上は「健全とはいえないような仲間」の中にいた。家に帰らないようになるまで、そう時間はかからなかった。無免許で、バイクに乗るようになった。

†窃盗の罪で逮捕・送検

17歳のとき、友人から借りたバイクで2人乗りしているとき、横浜市内の首都高速道路で事故を起こした。

前方を走る乗用車が車線変更してきて、急激に速度を落としたのに対応しきれず、追突したのだ。そのとき無免許と窃盗で逮捕された。乗っていたバイクは借り物で、盗んだものではなかったが、借りるときにナンバーが付いていなかったことから、「これはやばいな」と思い、同型のバイクからナンバーを盗んで、取り付けていたのだ。

自動車運転処罰法違反（無免許運転過失傷害）と窃盗の罪で逮捕・送検され、家庭裁判所へ送致された。少年鑑別所に送られ、審判を待った。

「俺には帰るところがないし、居場所がなかったから。別にどこへ身柄が送られようがどうでもよかった。自暴自棄というか……」

家裁で親との話し合いが重ねられ、一度社会に戻って様子をみようということになり、「試験観察」が始まった。

少年事件が発生すると、家庭裁判所で事件受理され調査が行われる。その後、少年院送致や保護観察、検察官送致（逆送）などの審判が下されるのだが、その判断が難しいとき一時的に「試験観察」が行われる。その期間は家裁調査官が指導・助言しながら観察する。

鴻上は言う。

「地元に戻ったら、まぁ、以前から遊んでいたやんちゃな仲間と会うようになりました。そしてまた、ずるずると家に帰らなくなりました」

この試験観察が始まって間もなく、鴻上は詐欺未遂の容疑で埼玉県内で逮捕された。オレオレ詐欺の受け子だった。

地元の先輩から「1日で10万くらい稼げる」との触れ込みで紹介された「仕事」だった。指示された横浜市内の駅のロッカーに行った。他人名義の「飛ばしの携帯」と、スーツとワイシャツ、黒の革靴が入っていた。飛ばし携帯から、登録されていた番号に電話をかける。指示役の男から、受け子の仕事を打診された。

指示された横浜市内の民家へ行くと、周囲がどうも怪しい。何人もの若い男が民家近くにいたのだ。敷地へと近付き、家屋へと続く階段を見上げると、上から中年の大人が降りてくるのが見えた。

「高齢者が住んでいる家」と聞いていたのに、何かが変だ。男たちは私服の警察官に違いない……。鴻上はインターホンも押さずにそのまま立ち去り、すぐにタクシーに乗って逃げた。

翌日の指示は埼玉県入間市だった。指示通りにスーツを着て駅の近くのパチンコ屋で待機していた。

店を出たところで、声をかけられた。

「ちょっといい？　何しているの？　変なことしてない？」

気付けば埼玉県警の警察官7、8人に囲まれていた。「友人に会いに来た」とか、そんな言い訳で逃れようと思ったが、詰めかけた警察官たちが納得するはずもない。

「詳しく聞きたいので警察署に来てもらいたい」と言われ、東入間警察署（埼玉県ふじみ野市）へ連行された。

†未決少年の身柄

横浜市内の事案から、ずっと警察官が尾行していたのだという。鴻上は、特殊詐欺の受け子をしようとしていたこと、指示役に言われるまま横浜市内の民家へ向かったこと、それが最初の犯行だったことなど、洗いざらい話した。

「いろいろなことが、どうでもよくなっていたので……」

送検され、取り調べでは全てを話した。起訴前勾留の満期20日間で不起訴が決まり、「ああ、これで出られるわ〜」と思った。勾留されていた警察署の外へ出ようと、廊下を歩いて行くと、扉を通った先に、3人の捜査官が待ち受けていた。

鴻上は、このとき試験観察期間中で、何があろうと決められた日の呼び出しに応じて家庭裁判所へ出頭しなければならなかった。だがその指定された日に、鴻上は東入間警察署で身柄を取られていたのだ。家裁に出頭すべき日なのに、本人が来ない。理由の報告もない。行方が分からなくなった未決少年を家裁は放ってはおかなかった。

出頭できなかったことに理由はあるのだったが、罪を犯し逮捕、勾留されてしまったのは鴻上の側に大きな非があった。

特殊詐欺未遂の罪は不起訴になったが、その前に犯した窃盗と無免許運転で、鴻上の第1種少年院送致が決定した。18歳で少年院に入り、出るときには19歳になっていた。

2　悪事への着手

少年院を出た鴻上は、働き始めた。最終学歴は中卒で、しかも非行の末、少年院を出たばかりの19歳を雇用する会社はそう多くはない。そうした少年を支援する企業が経営する飲食店で職を得た。

†転落

作業の手際が良く、てきぱきと仕事をこなすことができたからだろう、一通りの仕事を覚えると、働き始めてわずか4カ月で店長を任された。

「期待に応えなければ」。更生施設を出たばかりの人を積極的に受け入れていることで知られる経営者による飲食店で、鴻上は頑張った。

だが、飲食店での労働は決して楽ではない。同じ職場で働くパートたちは、二十歳になったばかりの青年にとって全員年上で、経験にも差があった。

「いちいち文句を言われ、俺のやり方にけちを付けられた」

自分でなんとかしなければと片意地を張って抱え込み、一層気負った。正社員の同僚や、上司に相談すればよかったと、今なら思える。しかしそのときは、日々の業務に忙殺され、パートたちからの難癖に疲弊し、視野は狭まっていった。周りが見えなくなり、ストレスがひたすら溜まっていった。

やがて、毎日のように酒を飲むようになった。当時の月給は18万円。寮暮らしだったので、保険や寮費を差し引いても手元に12万円ほどが残った。金銭的な余裕はあったが、その一方で、心持ちは汲々としていた。

夜、出歩いて遊ぶようになった。夜通し飲み歩き、朝を迎えるようにさえなった。数万円の余裕はあっという間に消えうせた。仕事が手に付かなくなった。金がなくなった。遊ぶ金欲しさに、店の売上金に手を付けた。すぐにばれて、解雇され「横領した10万円を返せ。さもなくば訴えるぞ」と追及された。

会社を追われ、寮も出て行かなければならない。友人の家に転がり込み、1カ月限定でバーの仕事をさせてもらうことができた。日当は8000円で、横領した10万円をなんとか返済することができた。居候生活は肩身が狭く、いよいよ出ていかなければならない。寮がある職場を探したが、簡単には見つからなかった。行くところがない。母の暮らす横浜の家に戻る気は一切なかった。鴻上は、自らの行いによって、自らを追い詰めていった。金だ。とにかく金だ。金さえあればこの困窮を脱することができる。いまの状況からすれば、俺に失うものなど何もない。とにかく手っ取り早く稼ぐしかない。

†「闇バイト」と検索

2021年5月上旬、ツイッターで「闇バイト」「高収入」「運びバイト」などと検索した。特殊詐欺の受け子や出し子を募集しているツイッターの投稿を見つけ、アカウントにダイレクトメッセージ（DM）を送った。間もなく秘匿性の高いメッセージアプリ「テレグラム」を使うよう誘導され、「仕事」についての具体的なやりとりが始まった。この時点で鴻上は既に、特殊詐欺の受け子や出し子をやろうと考えていた。受け子や出し子は、被害額の一部を報酬として受け取る。この報酬の比率が高い方がいい。鴻上はそう考えた。

コンタクトした3人のリクルーターと別々に交渉を重ねた。2人は5％と言い、もう1人は10％と言った。受け子や出し子の末端は逮捕される危険性が最も高い。鴻上はそのことをよく分かった上で、それに見合った報酬を受け取ろうと交渉を重ねた。被害額の10％、いや15％、できれば20％欲しい……。15％を提案してきた男に利率アップを投げかけたところ、男は「リクルーターとして自分が受け取る報酬分のうち、5%を渡すので、合計で20%になる。どうか」と応えてきた。

鴻上は、この詐欺グループの一員として働くことを決めた。最初にツイッターで検索してから1日も経っていなかった。

詳細なマニュアル

一度も会ったことのない指示役の男は、兼田（仮名）と名乗っていた。詐欺の手口や事前に用意するものなど、詳細に書かれたマニュアルの画像が何枚もスマホに送られてきた。全てテレグラムでやりとりしているため、逮捕時点では何も証拠は残っていなかった。

私服の警察官を騙《かた》ること。指示された民家に行き、「○○警察署の○○」と名乗ること。警察署や偽名はその都度、現場によって変えるのでその指示に従うこと。訪問したら家人に「キャッシュカードが不正に使われている。新しいものと交換しなければならない。財務局から警察に連絡が来まして、○○さんのキャッシュカードを確認するよう依頼がありました。今回、この付近で逮捕した外国人から事情聴取したところ、○○さんのカードの不正使用を認めていて、その外国人が持っていたキャッシュカードを証拠品として○○さんのところで預かって欲しいのです」と言う。

このマニュアルには、被害者のことを「客」と記載していた。

すると客から、「預かるというのは、そっち（警察）でですか？」などと言われるので、「そうではなく、新しいカードが届くまで、○○さんのお宅で、こちらで用意した封筒に○○さんのカードを入れて保管してほしい」と言う。

その上で、事前に用意した2枚の封筒うちの一方に、客のキャッシュカードと、暗証番号を書き入れたメモを入れる。封筒を閉じて、客にこう言う。

「割印をするので印鑑を取ってきてください」

客がその場を離れた隙に、事前に用意した全く同じもう1枚の封筒とすり替える。こちらの封筒には前もって無料のポイントカードなどを数枚入れておく。客のキャッシュカードと暗証番号が入れられた封筒は、鞄の中へ滑り込ませる。客が戻ってきて、割印を押すわけだが、その封筒の中に客のキャッシュカードはない。

マニュアルには、事前に用意しておくものが記載されていた。封筒、レターパック、薄い雑誌、警察官が使うような白い手袋、タッチペン、警察官が着ているような長袖のウィンドブレーカー、リュックサック、ポイントカード、ワイヤレスイヤホン。

午前9~10時ごろに事前に指示された駅の近くで追加の指示が来るまで待機していること、などと書かれていた。

その追加の指示では、具体的に訪問する家の住所や家人の情報、さらに、受け子の顔写真がはめ込まれていて警察手帳のように見える画像が送られてくる。毎回、受け子が騙る警察署の名前や偽名は、入れ替わったものが用意されて送られてくるのだという。

†組織内の用語

スマホに表示されている警察手帳では疑われるだろうが、マニュアルには「新型コロナウイルス感染拡大を防止するために、こうしたものは全て、デジタルに変更されているんですよ」などと説明するよう記載されていた。

指示に従い、家に着くとまず「宅の確認」が行われる。表札をスマホで撮影し、テレグラムで送信するのだ。指示役は狙った家だと確認した上で、受け子にインターホンを押させる。その際には、耳にワイヤレスイヤホンを入れ常時通話状態にしておくよう求められている。騙し取ったキャッシュカードの枚数を把握したり、客が怪しんでいないか、「騙されたふり作戦」をしていて周囲に警察がいないかどうかなどについて随時連絡を取り合ったりするためだ。
この際に、受け子とは別の「見張り」を派遣しているケースもある。警察官の有無を確認するためだけでなく、受け子がその後、指示に従わず「飛ぶ」（持ち逃げする）可能性を排除する目的を兼ねている。
鴻上が属した詐欺グループで使われていた犯罪用語はこうだった。
「板」＝キャッシュカード
「客」＝カードを盗む相手
「案件」＝詐欺を行う事案
「宅の確認」＝被害者の家の表札をスマホで撮影し指示役に送信すること
「事前の連絡」＝標的となる民家の詳細な情報が送られてくること
「アンバン」＝暗証番号
「生きてる／死んでる」＝盗んだキャッシュカードが引き出せる／止められている
「残確《ざんかく》」＝口座の残高を確認すること
「刺す／刺さった」＝カードを盗むことに成功する／成功した
「朝の部」＝午前8〜9時、午前中の出金

「昼の部」＝正午以降の出金
「夜の部」＝日付が変わってからの出金
「またぎ」＝日付が変わる直前と直後の出金
「振る」＝1日の出金限度となったキャッシュカードは現金を引き出せないが、別の口座への振り込み（送金）はできるため、生きている別の口座に送金すること
「ロッカーイン」＝現金や盗んだキャッシュカード、そのほか受け渡しする物品を駅などのコインロッカーに入れること
「廃棄」＝使えなくなったキャッシュカードなどを捨てること

3　慣れた手つきで次々と

当時、鴻上は北海道帯広市内に住んでいた。北海道の少年院を出てから同市内で一時期働いていたからだ。特殊詐欺グループの事案は関東だったが、交通費もままならなかったため、まず現金が欲しい、と伝えた。兼田は「飛ばれる可能性があるから、個人情報と顔写真が欲しい」と言ってきた。鴻上は、スマホで自分を撮影し、本名と自分の携帯電話番

号、使っている銀行口座番号を伝えた。鴻上は当時、耳が隠れるほどの長髪で、しかも金髪だった。どうみても警察官には見えない。兼田は「髪、黒くして」と言ってきた。

†スマホで警察手帳

銀行口座を確認すると5万円が入金されていた。コンビニで出金し、その金で、帯広から羽田空港へ飛んだ。その日の夜は、横浜市内の友人の家に泊まらせてもらった。最初の犯行の7日前のことだった。

指示が間もなく入った。狙われた民家は、鴻上が育った川崎市川崎区だった。2021年5月11日。鴻上は電車と徒歩で現場へ向かった。

木造2階建ての民家。事前に送られてきた情報では高齢女性と、その息子の2人暮らしだという。なりすます警察官の画像が送信されてきた。警察手帳のような画像で、スーツ姿をした鴻上の写真がはめ込まれていて、このときに名乗る予定の名前が記載されていた。

高齢女性（当時73歳）は鴻上の言動を怪しんだ。そもそも、示された警察手帳がスマホの画面だ。しかも若い。キャッシュカードを入れた封筒から離れるのを警戒しているのがありありと分かった。割印を押すために印鑑を取ってくるよう鴻上が言ってもなかなか玄関から離れようとしない。

この日、女性宅には何人ものプレーヤー（同じ詐欺グループ）による騙しの電話がかけられていた。百貨店従業員、財務局員、警察官……。女性名義のキャッシュカードが不正に使用されたこと。捜査のために警察官がキャッシュカードを確認する必要があること。警察官のアイダが訪問してくること。この段階で、騙しの電話に対してキャッシュカードの暗証番号を伝えてしまっていた。

インターホンが押され、警察官のアイダを名乗るスーツ姿の若い男がやってきた。

†刺す、そして出金

鴻上は、家に入る前から、テレグラムの通話機能で、指示役とマイク付きイヤホンで通話し続けていた。「客」との会話も聞き取れる状態のため、指示役は、客が怪しんでいることを察知し、鴻上に言った。

「すぐに電話させるね！」

指示役の男が気を利かせて、騙しの電話をかけていた「かけ子」に、高齢女性の自宅へ電話をかけさせたのだ。すぐに家の電話が鳴った。女性は電話に出ると、すぐに印鑑を取りに行った。その隙に、鴻上はダミーのスタンプカードを入れた封筒とすり替えた。

正式な手続きであることを装うために、鴻上はスマホの画面に「チェックリスト」を表示して、高齢女性にチェックとサインをしてもらい、家を出た。

「無事に刺せました」

鴻上はすぐに指示役に連絡を入れた。

封筒には5枚のキャッシュカードが入れられていた。その後の指示は矢継ぎ早だった。騙し取ることに成功したカードを使って、女性宅からわずか300メートルしか離れていない2軒のコンビニで相次ぎ10回にわたり現金を引き出した。

†10日間で1000万円超

鴻上は説明する。

最初に20万円を出金する。その次は10万円。次に20万円。1日に引き出せる上限額と、残高を効率的に探るためだ。上限額は大抵「50万円」「100万円」「それ以上」の3パターンに分かれるという。その日の上限額まで引き出したという証明のために控えを撮影して指示役に送らなければならない。飛ばれる（持ち逃げされる）のを防ぐために指示役側が要求しているのだ。出し子の方も、疑われるのを避けるために出金明細を印刷し、撮影、送信する。

最初に20万円を出金した時点で、5枚のカードのうち1枚は残高が1000万円超、もう一枚は500万円だった。それぞれのカードからその日の上限額を引き出すと総額は170万円になった。

また指示が来た。

鴻上は、JR川崎駅西口の大型ショッピングモール「ラゾーナ」に向かった。〝売上〟の20％、34万円を報酬として抜き取り、残りの136万円を紙袋に入れた。指示に従い、ラゾーナにある家電量販店の横にあるトイレの個室に入った。少し待つと指示役の言う通り、外から3回ノックがあった。

扉と床の隙間から現金を入れた紙袋を差し出す。何者かが、すっと引き取った。

その日の出金上限額となったキャッシュカードは東京都江東区の豊洲駅のコインロッカーに入れた。その後、そのカードがどうなったか、残額がどうなったかは知らない。

この翌日には千葉県松戸市でキャッシュカード4枚、翌5月13日には千葉県市川市で8枚、14日に千葉県習志野市で3枚、18日には、新横浜駅から名古屋駅へ新幹線で移動した。

パチンコ店で知らない男から直接キャッシュカードを受け取り、19日から20日にかけて現金を引き出した。20日には静岡県浜松市へ転戦し、高齢者宅でカードを8枚盗んだ。22日には再び名古屋市へ移動。当時78歳の高齢者が被害者となった。

この5月の犯行はいずれも同じように、受け子として被害者宅を訪れてキャッシュカードを盗み、その足で近くのATMで現金を引き出す出し子を繰り返した。この時点で被害総額は1700万円超、報酬として受け取ったのは約400万円となっていた。

最初の犯行からわずか10日ほどしかたっていなかった。

†「もう、やめたい」

報酬を受け取り当面の資金ができたことから鴻上は「もう、やめたい」と指示役に伝えた。もともと1週間程度という話で始めたことも大きかった。だが指示が続きのびのびになっていたのだ。

指示役の男から連絡が入った。

「今までは、間にリクルーター（勧誘役）を入れているので、そのリクルーターにも報酬を支払わなければいけなかった。今後は、リクルーターの仲介なしでやってもらいたい。

受け子はやらずに、出し子だけでいいから、やらないか？」

　騙されている高齢者宅を訪れ、直接やりとりをしてキャッシュカードを盗んで来る受け子は、現行犯逮捕されるリスクが高い。高齢者が詐欺の電話だと気付いて事前に警察に通報する「騙されたふり作戦」が相当な頻度で行われているからだ。

　指示役の男が重ねて言った。

「5月末に名古屋でグループのメンバーが1人逮捕された。警戒するために1カ月休憩する。その後、報酬は売り上げの10％で、出し子をやらないか？」

　鴻上は特殊詐欺をやめるつもりだったが、出し子だけなら作業は短時間で済むため、もう少しやろうと考え、6月の終わりごろ、新しいテレグラムのアカウントを作り、別の指示役とのグループチャットで、出し子を専門でやるようになった。ここから、さらに被害額が膨張していく。

†死んだ板は捨てる

　犯行の手口はこうだ。

　夕刻、午後7～8時ごろに指示役から連絡が入る。騙し取られたり、盗まれたりしたキャッシュカードがロッカーインされている場所が送られてくる。指示に従ってロッカーに行き、開けるとキャッシュカードが入っている。キャッシュカードの受け渡しには、暗証番号式か二次元コード式のコインロッカーが使われる。この仕組みのコインロッカーは、鍵の受け渡しが不要で、代わりに施錠時に自由に設定した暗証番号か、入れたときに表示された二次元コードの画像があれば、解錠できる。鴻上のスマホには、指示されたロッカーを解錠する暗証番号がテレグラムで送られてくる。ロッカーからキャッシュカードを出し、その夜は根城にしている横浜に戻る。

日付が変わる午前0時の前に残確《ざんかく》（残高の確認）を済ませる。日付が変わった午前0時にATMへ金を下ろしに行く。日付が変わると、1日に出金できる上限額がリセットされ、例えば50万円に設定されている口座でも、また再び50万円を引き出せるというわけだ。このときに使うATMは、コンビニや深夜営業の量販店に設置されているものを使う。シャッターが閉まる空間に置かれているATMだと、不審なキャッシュカードの場合、自動的にシャッターが降りてきて逃げ出すことができなくなるからだ。ATMから出した現金と、出金明細を撮影し指示役に送る。手にした現金はその日の午前中に指示されたロッカーに入れたり、公衆トイレでの受け渡しで「回収役」にパスする。

鴻上は5月に立て続けに実行した受け子、出し子の同時犯行の後、キャッシュカードはロッカーインしていた。7月から始めた出し子専門の作業は、出し子以降の工程を担うという流れになる。つまり、別の受け子がロッカーインしたキャッシュカードを、鴻上がその夜に受け取り、出金上限額がリセットされた午前0時以降に再び出金し、金をロッカーインする。こうして、一度騙し取られたキャッシュカードは、被害に気付いて凍結（ロック）されるまで、引き出され続けることになる。キャッシュカードすり替え型の特殊詐欺では、受け子が被害者に「連絡があるまで開封せずに保管しておいてください」などと、警察官を装った犯人に言われているため、詐欺だと気付くまでに時間がかかるケースが少なくない。その間、残高がゼロになるまで、繰り返し出金されるのだ。

ロックされたキャッシュカードは「死んだ板」と称され、即、廃棄される。所持していると、いざ逮捕されたときにそれが証拠になってしまう恐れがあるからだ。

出し子の専業を実際に始めたのは2021年7月6日だった。翌7日にかけて5回にわたり横浜市西区内のコンビニなど計2カ所のATMで、どこかから奪われてきた「Aさん」名義のキャッシュカードから、別に奪われた「Bさん」名義のキャッシュカード口座に合計300万円を送金した。このBさん名義の計4枚のキャッシュカードから計24回にわたり現金計449万7000円を引き出した。

別のキャッシュカードへ送金する理由は、ATMでの現金の引き出しが上限額となっても、他口座への送金はできるケースがあるためだ。一方、この送金を受けた「Bさん名義の口座とカード」は、1日の出金上限額が高めに設定されていたとみられる。このため、送金の受け皿として使われ、短期間に高額が出金されていくことになる。

同じ7月7日には、東京都板橋区のコンビニATMで9回にわたり別のCさん名義のカード3枚を使って150万円を出金。さらにこの2日後の9日には横浜市西区の量販店内にあるATMで28回にわたりAさん名義のカードから現金550万円を引き出した。

やがて「その日」がやってきた。

†一瞬で囲まれ連行

7月10日。鴻上はJR横浜駅西口にあるビジネスホテルの上層階に宿泊していた。このころ鴻上は、連日ビジネスホテル住まいで、出し子の「仕事」が入るごとに根城を転々としていた。ただ、拠点として舞い戻ってくるのは、なじみのある横浜だった。

午前11時ごろ。目が覚めて、パチンコにでも行こうかと思い部屋を出た。連泊の予定で宿泊していたがこの日が事前に支払った宿泊費分の最終日だった。もう1泊しようと思いつき、延泊を申し込むためにフロントへ立ち寄り、料金を支払おうとした。

受付でそう声をかけたが、担当は金を受け取らずにバックヤードへ消えて戻ってこない。

変だな……。目が覚めてから20分もたっておらず、鴻上はぼうっとしながらフロントで待っていた。思考がしっかり働いていたら、異変に気付き、逃走していたかもしれない。

一瞬の出来事だった。

出入口が物々しくなったかと思うと、あっという間に10人ほどの捜査員に囲まれた。

「お前、分かるよな！」

怒声が響く。

「分かっています」

喧噪に思考は冴えていった。

「名前を言え！」

「鴻上貫だ」

逮捕状が突き付けられた。

「とりあえず署に来てもらうから」

「荷物が上にあるから取りに行かせて」

そのまま部屋の捜索に立ち会った。鴻上は川崎署へ連行された。逮捕状には、最初の犯行、川崎市川崎区での被疑事実が書かれていた。

†「自暴自棄になり」

このとき、部屋の金庫には8~9万円しかなかった。報酬として受け取っていた数百万の金は何に使ったのか。

鴻上は、ゲームセンターにあるレーシングゲームにはまっていて、そこで散財していたという。知り合いのゲーマーに数万円を渡して、自分のアカウントのレーサーのレベルを引き上げたり、走行距離をかせぐために走ってもらったりしていたという。そういうゲームがあるのだという。

受け子や出し子で指示を待つ間には、パチンコ店でスロットにも金を使ったり、ブランド品を買ったりもしていた。

このときを振り返り、鴻上は言う。

「まあ、いつかこうなるだろうなと思ってやっていました。どこにも行くところはないし。

自暴自棄になっていました。ホテルも実名で泊まっていました。いま思えば何であんなことをやったのか、頭がどうかしていたんだとしか思えません。だから、全てを話しました。隠しても意味はないので……」

4　逮捕後の手記

鴻上は、警察署や拘置所でのひとりの時間、相当な量の手記をしたためている。生い立ちの記録、備忘録、読んだ本の感想、今の感情。反省の弁……。なぜ、自分が犯罪を行ったのか。どうやって償っていくのか。これからどう生きればいいのか。その自問の解は、鴻上の次の人生そのものでもある。

†反省と不安

〈被害者の人たちには本当に申し訳ないことをしたと思っている。不審な連絡が来て、財産を失うかもしれないから、家に警察が来たり、その間にキャッシュカードが盗られて、さらには本当に財産が盗られてしまった。それも1万、2万ではなく、100万円

単位で盗られて生活が苦しくなり、つらい思いをしていると思う〉

〈おれは全く関係のない人たちを巻き込んで、その人たちを傷つけてしまった。被害者の方を不安や安心、いろいろな感情に振り回して、その不安定な感情に付け入り、騙し、キャッシュカードと財産を盗んだ。特に俺は、被害者の方を目の前にして、堂々と嘘を言い、カードをすり替えたことは極めて卑劣であり、一般的な人ではできないと思う〉

〈その行為をしてしまった自分は決して許されることではなく、今後、その罪に対して深く反省し、二度と同じことをしないと誓う。俺の行為はそれだけ重い罪だ〉

〈俺は、弱い者を見つけてはそういう人を騙して、一方で騙した人は、その弱い者から物を取り上げて、その上、弱者の心までも傷つけてしまう。俺が嫌いな人間だ。絶対に俺はしない。こんなことはされたくないと思いながらも、俺は同じことをしていた。弱者ではないけれど、人の心理を揺さぶり、その弱みにつけ込んで騙す。俺は何を思っていたんだろうか。俺が嫌いな人間と言っていながら、自分は同じ行為をしていた。繰り返し行い、俺は本当に何を思っていたのか。最低、最悪だ。自分が良ければ悪いことでもやってしまう。善悪の判断を忘れてはいけない。そもそもその行為をすることによって、自分は何を思うか。そして他者に与える影響とは?〉

重大な罪を重ね、わずかな期間に、汗水垂らすこともなく数百万円という現金を得た鴻上は、自身を見つめていた。過多な被害額からすれば、今後どんなに働き詰めても返済することは難しいだろう。被害者の多くが高齢者だということを踏まえればなおさらだ。財産的被害を償えたとしても、精神的苦痛を取り去ることは到底できない。「騙されてしまった」という屈辱の深さは想像するだけで胸が締め付けられる。受け子として被害者と対面し、口八丁で高齢の被害者からキャッシュカードを盗み取った鴻上はいま、その相手の顔を、表情を、思い返すであろうか。

報酬を抜き取って、その残額は誰とは知れない上層部へ流れていった。その金は一体何に使われるであろうか。多くが、新たな犯罪を生み出す資金となっている可能性は決して低くない。鴻上が1人で実行した犯罪ではないが、そうだとしても、犯した罪は、組織犯罪の一端を担ったからこそ重くのしかかる。

†責任と判断

〈人は過去の事に対して考え、あのときこうすればと思えることはあるが、〝今〟目の前で起きた事に対してはびっくりするほど判断力が鈍る。そして周りが見えなくなる。

帯広で店長をしていたとき、まず任されている事に対しての不安。恐怖。そして少なからず調子に乗るまでもいかないが、うれしい気持ちにはなる。それは人として通常の感情であり、僕もそう思った。でもその後が大事で、当時の僕は就職して4カ月、20歳、中卒、年齢や学歴はおいておいても、就職して4カ月の人に任せるには荷が重いと思う。そこで自分から一言、無理ですと断りを入れる。そこまでしなくとも、意思表示はしておかなければいけない〉

22歳の誕生日を拘置所の中で迎えた鴻上はその日にこう記した。

〈誕生日だよ。人とは素直に生きていた方がいいのか、全然素直じゃない方がいいのか。もしくは半分ずつがいいのか。そんなのは分からない。みんなどれもいいと思う。それはその人の個性、もし嫌ならやめればいいんだもん。俺は、小・中・高（1年まで）、その後の期間で同年代の友人と協調性を持って話をするというのが苦手だった。たぶん、恥ずかしいという感情が強かったのだと思う。その中で、いじめや孤立、被害妄想の中で自分の考えを周りに発信できなかったし、自分の悩みや不安をなかなか解消できなかった〉

背負った人生ゆえに犯罪に及んだのかもしれない。不遇であったとも思う。しかしそうした境遇であったとしても、真っ当に生きる人の方が圧倒的に多い。甘さや怠惰、自暴自棄になりがちな自身の感情を見つめるしかない。鴻上との面会を重ねて、思う。人は、どうすれば社会で身を立てていけるだろうか。仕事に就いて働き、生活をしていくそのすべを私たちは一体どこで習っただろうか。学校で習った記憶はない。職業体験などの課外授業はあった。だがそれは、職業と収入と生活について具体的にどうすればいいのかを教えるものではなかった。鴻上からそうしたことを尋ねられても答えられない自分がいる。

†欲との闘い

〈それを、そのうちに、自分の欲に任せて動き、その自分の悩み、不安を忘れようと努力した。本を読んで学んだことだけど、人の脳は欲に弱い。何かを手に入れたとか、そういう結果論もあるけれど、人はその途中経過で欲が発生する。その欲が俺は〝性〟と〝金〟の二つが俺の中で確立したんだと思う。〝性〟は愛情と欲。〝金〟は欲と支配を、そういう自分の気持ちの表れだと思う。でも自分の悩みは自分だけじゃない。みんな悩みや不安、不満を持っていると思う。それを、俺は自分だけだと感じていた。でもそれは違う。一人じゃない。みんな中身は違えど考えや不安、悩みは持っていて、自分がど

うかなんて分かったもんじゃないのだ。もう一人じゃない。いろいろな意味での気付きだった。少し幸せです〉
〈おれは今回の事件に対して深い後悔の念を抱いている。更生保護施設を出て、独り暮らしを初めて、新しい友達との出会い。そして仕事をし、休みの日は休日出勤もあったけど、友達や彼女と遊びに行く楽しさ。仕事がうまくいかず、怒られたり、どうしても朝が起きられなくて、パートさんに怒られる日々。そんな生活ですら、今後の刑務所生活を考えると幸せに思うし、逆にあのときにそういう状態に気付けなかった自分に腹が立つ。目にした自分の立場が危うくなっていき、友達に紹介してもらった飲み屋にも自分の行動が元凶で行きづらくなった〉
〈全部、ぜんぶ自分の言動から始まり、歯車が合わなくなり、逃げ出してしまった。さらには、犯罪に手を染めてしまい、多くの被害者を出し、３０００万近いお金を取ってしまった。詐欺をやる前から、横領、万引き、窃盗、悪いと分かりながらもやってしまった。悪いと分からないからやっているんだ。そう思う人もいると思うし実際にいる。自分はそういう犯罪をしていないと生きていけないのかなと思ったときもあったけど、社会で生活していた時、つらいだけでなく、人の温もりを感じ、やっと自分もスタートラインに立てたとまで思えた。その時の気持ちを忘れない。これからいろいろ大変だけど、自分のした行為に反省して、罰を受けて、いま一度、社会で頑張って生きていこうと思う〉

中学を卒業し、高校は1年生の途中で退学し、その後、窃盗と無免許運転過失傷害で少年院に入り、出てきてから間もなく特殊詐欺に手を染めた鴻上にとって、「社会」で生きることはきっとたやすくない。転落への入口は、あまりにも身近にある。手に持ったスマホの中にある。指先でSNSを操作するだけで奈落へと突き進むきっかけがそこにある。それは鴻上にとってだけではないだろう。特殊詐欺への誘惑は、そここにあふれている。犯罪と紙一重、綱渡りの人生を歩んでいる人は少なくない。「社会で頑張って生きていく」というその具体的な方法と答えは、鴻上自身が今後歩む人生そのものでしか、示すことはきっとできない。

横浜地裁川崎支部で2022年10月に行われた鴻上貫被告の判決公判で、同支部は懲役4年6月（求刑6年）を言い渡した。

5　弱き者が巻き込まれる

特殊詐欺の様々な犯行の事例をみてきた中で浮かび上がるのは、多層構造の上下関係があり、組織が下層の者を使い、その下層がさらに弱い者を使い倒すという構図だ。末端に近い者は、常に逮捕されるリスクを背負い、追い詰められ、善意を、人生を搾取されていく。その末端が、本来救われるべき弱者だったら――。本節ではそのような事例をみる。

†親しくしてくれた後輩が

窃盗と窃盗未遂の罪で逮捕、起訴されてもなお、中原誠（仮名）は、その男の名を明かさず、むしろ「お世話になったのに迷惑をかけられない」と考え、騙され、はめられたという認識は一切なく、全ての罪を背負い込もうとしていた。

中原が、剣崎剛（仮名）と飲み友達となったのは、28歳のころだった。中原にとっては1歳年下の剣崎だったが、これまで周りにいた友人と違って中原をばかにしたり、使い走りにしたりすることがなかった。

「賢くて、それでいて自分のことを「先輩」として丁寧に扱ってくれる人でした」

それまでも声をかけてくれる友人はたくさんいたが、親身になって相談できる友人なのかは分からなかった。友人の誘いに乗せられて仕事を転々とした中原だったが、剣崎と出会ってからは、「世の中のことを何でも教えてくれる賢い人」と感じ、頼るようになった。

だがこの自称コンサル業の剣崎は、やがて豹変していく。

†中原の生い立ち

小中高校と、ずっと普通学級でやってきた中原だった。学校の成績は確かに良くはなかった。それでも両親の支えもあって進級、進学し学校生活を続けてきた。

母は言う。

「思い返せば、小学校のころから算数や国語もよく理解できていなかった。例えば足し算でも、3と5を合わせて8ということは覚えられても、「4＋5」になると分からない。それが9だと暗記してしまうことはできても、「5」という数字がどのように構成されているのか、その本質的なところはよく理解できていなかった。国語も単語の意味は分かっても、文脈を追うことは難しかった」

母は、学校の先生に毎年面談で「学校の勉強が全く理解できていない」と訴え続けていたが、そのたびに担任からは「頑張っていますよ！　大丈夫でしょう」と言われ棚上げにされてきた。

「素直でおとなしい性格なので、学校という集団生活の場では、見よう見まねでまわりの生徒についていけば不都合はなかったり、近くにいる生徒が面倒をみてくれたりすることもあった。自分から話すことはないし、質問もしないので、逆に困ることもなかった。人の話を聞いてうなずいていればよかったのですから。大人になっても「どう思うんだ」と聞かれない限り本人が困ることはないし、聞かれても誰かが言っていたことを繰り返せばやり過ごすことができていたのです」

高校に入る前には知的発達の検査を受けるよう母は勧めていたが、父が「レッテルを貼る必要はない」と反対し、検査を受けずに私立高校に進学することになった。高校を卒業する際に、大学へ進学するという話も持ち上がったが、両親ともに「さすがにそれはあり得ない」と考え、就職する道を選ぶことを決めた。

知人の紹介で飲食店に勤め4年ほど働くことができた。しかし、臨機応変な対応ができず、職場ではいじめとも言えるような対応をされ、出勤できなくなった。父も将来のことを考え、検査を受けることに賛成した。知的障害の「B2」（軽度）の療育手帳の交付を受けた。

そうした障害を踏まえた仕事に就こうとハローワークにも通った。だが人手不足だからと、友人が別の仕事を紹介してきた。両親は、失業手当を受給して技術講習を受けるようアドバイスしていたが、それを振り切り手帳を持っていることを隠し、工事補助の仕事を始め、2年働いた。だがそこでも、本人にとっては難しい資格試験を受けるよう言われ、居づらくなったという。周囲に少しぼやくと、また別の友人が人手不足だといって誘いにやってきたという。親の話には耳を貸さず、そうした話に乗って、古紙や産廃を回収する仕事の下請けもやったが続かなかった。やがて仕事は日雇いのような形になり、生活は不安定になっていった。

自宅で家族と暮らしていたので、誘われるままに遊びに出かけるようなことがなければ生活が不安定になることはなかったはずだった。だが仕事が不定期になったことで、収入と支出が把握できなくなり、金がなくなり困っているという錯覚に陥っていった。

†借金を勧める親友

剣崎に出会ったのは、この頃である。地元の友人に紹介される形で接触した。飲み友達として会って話をするうち、まるで親友のように全てを相談する関係になっていった。夜に一緒に出歩き、酒を飲み、時にはキャバクラやスナックで豪遊するようにもなった。

自称コンサルの剣崎は言った。

「金っていうのは、こうやって手に入れるんだよ」

消費者金融に連れて行かれ、数十万円という現金を繰り返し借金させられた。借金の手続きをイチから教え込み、金が必要になると、中原名義で借りさせた。そうして手に入れた金を剣崎は「中原さんが持っていると危ないから、「管理」しておきますよ」と言い、預かった。中原名義のクレジットカードやキャッシュカード、通帳も、剣崎が「管理」するようになっていた。

借金はあっという間に数百万円規模に膨らみ、返済の引き落としで中原の預金口座はすぐに底を突いた。消費者金融から多額の返済を求める督促状が届くようになるまで数カ月しかかからなかった。母は愕然とした。

「どうしてこんなお金が必要なの？」

中原は、剣崎との関係を大事にしたいという思いが強く、母からの詰問にはっきりと答えない。「投資した」の一点張りだった。母が、「借りたお金で投資なんかするもんじゃない」「その投資はおかしい」と繰り返しても、「みんなやっているから大丈夫」と言い返すだけだった。このままではまずいと母は借金の一部を返済した。中原と剣崎が出会って3～4カ月後のことだった。

剣崎は、「もっと儲かる方法があるんだ。うまく運用できる方法を実は知っている」と持ちかけてきた。数十万円の金を投資するという。中原はさらに借金を重ねて投資の資金を工面した。剣崎は、「追加の投資をしないと、以前の投資分も取り戻せなくなる」などと言い、中原からさらに金を引っ張ろうとした。

中原は借金ができなくなったので、母に「金が必要なんだ」と無心した。母は借金の一件もあることから、「投資はやめておいた方がいい」と説得したが、言い合いになるばかりだった。口論になり、中原は家を出て行ってしまった。

中原に、行くところはなかった。親しい友人はいない。相談できる仲間もいない。ネットカフェのような場所を転々とした後、剣崎の下へ転がり込むほか道はなかった。

剣崎は、中原とポーカーをやっては勝負に負けさせて借金があると言い、キャバクラに行っては「中原の発言で俺の名誉が傷つけられた」と言って借りがあることにし、ありもしない貸し借りを作り出していった。そうした言動を繰り返すことで、「中原は、俺に迷惑をかけている」という関係を構築していった。

剣崎はあるとき、投資家のMさんを紹介すると言って、中原を引き合わせた。「Mさんが投資するから、中原も一緒に投資しろ。間違いなく儲かるから」と言い50万円を中原から引っ張った。数日後、剣崎は追加の投資が必要だと言い出し、中原が「できない」と答えると、「俺とMさんの関係にも影響する。なんとかしろ。150万円が必要だ」と言い重ねた。

迷惑をかけてはなるまいと中原は困惑し、「どうすればいいか……」と思いあぐねた。剣崎の言いなりになるよう外堀は既に埋められていた。苦悶する中原がこのとき相談する相手はもはや剣崎しかいなかった。

†「強盗か、闇バイトか」

剣崎は言い放った。

「お前は俺にすごい額の借金がある。返す金がないなら強盗か、闇バイトしかない」

剣崎による搾取が始まって半年ほどたっていた。準備は万端、整ったのだろうか。剣崎は中原にスマホを操作させて、ツイッターで特殊詐欺の受け子、出し子を集める投稿に応募させた。中原は身分証や銀行口座など個人情報全てを指示役の男に提供した。

最初の指示は、神奈川県内の高齢者宅へ行きキャッシュカードを受け取り、ATMで出金する受け出しだった。現場では全て中原が実行した。100万円の現金を手に入れると、中原は剣崎の指示に従い、詐欺の指示役との連絡を一切断つと、現金を持ち逃げしてしまった。金は剣崎が「預かった」。指示役たちが把握しているのは中原の身元だ。持ち逃げがばれたところで剣崎が追われることはない。剣崎はそう高をくくったのだろうか。

5日後には、ツイッター上の別の闇バイトに応募し、受け出しをやった。これも剣崎の指示だった。関東のある都市へ行かされた。キャッシュカードをすり替える手法だったが、被害者が、中原の振るまいを怪しんだ。「キャッシュカードを返して」と求められ、中原はその場から逃げ出してしまった。被害者は、おかしいと直感し、すぐさま銀行に電話した。「カードが悪用されているなどということはない」と判明し、110番通報した。

警察官が現場へ駆け付け、近くを歩いていた中原は、窃盗未遂の容疑で逮捕された。

†足元を見つめて

「主文、懲役3年　執行猶予5年」

裁判所は中原に言い渡した。

消費者金融から数百万円の借金を背負い、投資にも数百万円の金を引っ張られていた。今後、自らの力で生活を成り立たせ、自立する道を歩まなければならない一方で、そうした金の返済は全くめどが立たなかった。消費者金融などからの複数の借金を積み上げると、負債総額は380万円に上っていた。

自己破産することに決めた。

特殊詐欺で実際に被害を生じさせた100万円は、積み立てていた保険を解約して工面し、弁償に充てた。

30歳を過ぎた中原はいま、グループホームに住み、社会福祉士と相談を重ね、生活を再建する道を探っている。軽度の知的障害であることを受け入れて、過去の罪を反省しながら、自分に見合った仕事とは、生き方とは何か、それを探している。

母は悔しさをにじませ、言う。

「息子は自ら悪いことをするような人ではないと今でも信じている。逮捕されたときは「殺されなくてよかった」と思いました。「投資」という話が出てきたときから騙されているのではないかと思っていたところでしたが、まさかこんな事態になっているとは思いもよらなかった。息子の悲痛な叫びに心を割くことができなかった。借金さえ返せば元の生活に戻れると思っていたのです。息子からお金の無心をされたときにもっと冷静に理由を問いただせば良かった。友人からの誘いを断ることができないという息子の性格にも思いが至らなかった。否定することなく話を聞き出すことができればよかった。息子の性格や障害を考えた上で対応することができなかった。うわべだけの生活と、将来どうしたいのか、今後どうするのかという息子が抱えていた課題を先延ばしにしてきたからなのでしょう。今回の一件で、息子も、私も、障害があることを正面から受け入れ、それを補いながら個性を生かして生活することに向き合えるようになったと思います。

逮捕直後に、不思議な錯覚に陥りました。息子が「やったのは私です」と言い、犯行の全ての責任を負うということ、そして警察官や検察官、弁護士から「息子さんはちゃんと受け答えをしていますよ」「悪いことをしたということも分かっているし責任能力がありますよ」と言われると、息子が一人前として認められたことになるのではないか、というおかしな感情を抱いた。息子も同じだったのかもしれない。十分な判断能力があると、警察官や検察官たちから言われることは、私にとっても、息子にとってもうれしいことだったのです。おかしいですよね。でも、そうした感覚がどこかにあるんです」

救うべき弱者が、いいように使われ、犯罪と分かりつつ手を染めさせられた——あまりにも卑劣な事例である。

†加害者という被害

「知的障害や発達障害のある方が、犯罪の加害者になるというケースは想像以上に多いのが実態です」

罪を犯した障害のある人を支援する「東京TSネット」の代表理事、山田恵太弁護士は言う。刑事弁護を手がけながら、この団体を通じて障害のある被疑者、被告人を支援している。知的障害のある人が特殊詐欺の受け子を担ったケースをこの10年で4件担当した。

「障害のある方が犯罪を行ってしまう事案では、窃盗に次いで、詐欺に加担してしまうケースが多い。窃盗の多くは、生活に困窮し、住む家もままならず、食べるものを盗んでしまうのです。詐欺の事案では、特殊詐欺の末端をやってしまうケースが散見される。逮捕、起訴された被告人を詳しく調べると知的障害のあることが明らかになる場合がある」

背景にあるのは、犯罪組織から「利用されやすい」という特徴ではないかという。小中学校などで何らかの障害があることが明らかになっている場合は、家族や地域、教育の現場で支援が受けられ、社会に出るときも、フォローされながら仕事に就くことができる。しかしこの過程で障害があることを見過ごされたまま社会へ出ると、生きづらさを抱え続け、悩み、惑う。人間関係だけでなく、金銭的な問題も重なり、その隙間に、組織犯罪の関係者たちが入り込んでくる。山田弁護士は言う。

「複合的要因が複雑にからみ合っている。刑事手続きの中に置かれた障害のある人と会って話すと、適切な支援を受けることができていれば犯罪に手を染めることはなかったのではないかと思えるケースが数多くある」

一見して明らかな障害はなく、会話も違和感なく交わすことができ、義務教育も終えることができたが、社会に出た後、行き詰まる人が少なくない。

「それまでは、周囲の人に合わせて、分からないことがあってもなんとなくやり過ごすことでなんとかしてきた。それは生き抜くための方法だったとも言える。そのような人が、組織犯罪グループにいいように扱われているのではないか」

障害のある人を支援する制度は数多く整備されてはいるが、山田弁護士は「その多くが申請主義になっている」と指摘する。

「刑務所を出所するときに「役所の窓口へ行け」「生活保護を受けろ」などと言われ、その足で市役所へ行ったがどうしていいか分からず一日ずっと建物の前に立っていた。誰も何もしてくれない。結局食うに困り、また物を盗んでしまった人がいました。裁判の過程で知的障害を調べる検査をすると、知能指数が60台だった。そういうケースがあるのです」

制度のはざまからこぼれ落ちる人、刑務所に入る前、そのもっと前の段階から、救えるはずの人がいる、と山田弁護士は話す。

罪を犯した障害のある人を支援する社会福祉士の牧野賢一さんも、問題の所在を指摘する。

「知的な障害のある方は、捜査段階で誘導に乗ってしまい冤罪《えんざい》の危険にも晒されている。犯罪の全体を俯瞰したとき、もっと早い段階での支援が必要になっていると感じる」

刑務所へ入った後や、出所後の支援は整ってきたが、その前段階の支援制度が足りていないという。「出口の支援だけでなく入口の支援を、と言い続けている。犯罪に関わる前から、あるいは、逮捕段階から障害について理解のある社会福祉士や弁護士が積極的に関与していくことが欠かせない」

知的障害や発達障害があることを自身も周囲も認識せずに大人になり、社会生活においてうまくいかず、悩みを抱え、疎外感を募らせている人が少なくないことが近年明らかになっている。「グレーゾーン」と呼ばれ、障害の程度や内容はその人によってさまざまだ。自閉スペクトラム症（ＡＳＤ）、注意欠如・多動症（ＡＤＨＤ）などがあるとされ、そうした特性や障害が複合的に重なり合っている人もいるという。うつ症状やうつ病になりやすい傾向にあるともいわれ、深刻な状況へと追い詰められる場合も少なくない。

「逮捕後や起訴前にこうした障害が発覚することは珍しく、私たちが起訴後に面会し判明するケースがある。刑事手続きの中ではいわゆる「隠れ発達障害」がとても多いと感じます」

見た目では分からず、話しても違和感はない。そうした人たちが刑事手続きの中では見逃されていく。

「そのまま裁判が進められ、有罪判決が下され、受刑し出所する。その後、社会復帰するわけですが、根本的な状況は以前と変わらない。支援を受けられず、誰かに相談もできない。生きづらさを抱え続け、やがて再犯のリスクが高まっていくという構図です」

牧野さんは社会の仕組みを変える必要性を指摘する。「多くの人たちにとって生きやすい社会へと変えていかなければならない。孤立させない社会へと、です」

特別な誰かによる、特別な犯罪ではない。誰もがそうした陥穽《かんせい》へと落ちうる。人間関係や金銭的困窮で追い詰められ、孤独な状況であればなおさら、手元にあるスマホから手っ取り早く稼ぐ道へと誘引されやすい。特殊詐欺が絶え間なく引き起こされるのは、そうした誰もが持ちうる心情に巣食っているからなのだ。

最 終 章

トクサギの行方

実際に特殊詐欺で現金の授受が行われた暗証番号式のコインロッカー(JR横浜駅)。騙し取られたキャッシュカードや現金は、犯人たちが直接対面することなくコインロッカーで受け渡しが行われることが少なくないここまで、ケースごとに特殊詐欺の実態を追ってきた。最終章では特殊詐欺の被害の全貌を統計資料などをもとに描き出してみたい。見えてくるのは、法制度と社会構造が変わらなければ、被害は波のように増減を繰り返すだけではないか、という悲観的な予測である。

1　20年の時を経て

いまからおよそ20年前。警察庁が特殊詐欺の手口と被害を正式に観測したのは2004年のことだった。

「オレオレ。風邪引いちゃってさ、ちょっとのどが痛いんだ」「携帯をなくしちゃって、番号が変わったから、その連絡で電話した」。突然電話をかけてきて、その後に「金が必要になった」などと言い始める。息子か、孫かと思い込んだ高齢者が騙され、近くの公園に現金を持って行ったり、自宅へやってきた「息子の同僚」に現金を手渡したり、指示された口座に現金を振り込んだりする。そうした犯行実態から当初は、「オレオレ詐欺」「振り込め詐欺」などと称された。

†社会問題化

特殊詐欺の被害額は2004年以降、毎年過去最大の数字を更新していた。社会問題として大きく知られるようになったきっかけは、2009年2月に『NHKスペシャル』で取り上げられてからだろう。番組は「職業〝詐欺〟——増殖する若者犯罪グループ」と銘打ったインサイドルポで、暴かれたその犯行実態は衝撃的なものだった。この時点で被害総額は1317億円、総被害者数は約10万人ともいわれ、数字、規模の大きさも社会に衝撃を与えた。当時は、高学歴の大学生や一流企業出身のいわゆる〝勝ち組〟が日々仕事のように特殊詐欺に手を染めている構図を克明に描いていた。いま読み返しても手口の核心部は、現在と大差ないことに驚かされる。

このときのNHK報道と足並みを合わせるように警察が取り締まりを強化し、認知件数は激増、被害はいったん収束に向かった。だが数年するとじわじわと再び増え始め2014年に、再びピークを迎え年間被害額は565・5億円となった。認知件数は2017年に1万8212件まで上り詰めた。

こうした揺り戻しを背景に、2015年にはノンフィクション『老人喰い——高齢者を狙う詐欺の正体』（鈴木大介著、ちくま新書）が発刊された。郊外のビルで、企業の営業拠点さながら、成績を競いながら「かけ子」が集まって、騙す電話をかけまくる描写が印象的な一冊だ。そこでは、若者が高齢者へ復讐するかのように犯行をいとわない構図が描かれている。組織は会社のように構成され、システマチックに「仕事」が進められていく。作品は毎日放送の深夜の連続ドラマ『ＳＣＵＭＳ』（スカム）の原案として使われ、さらに注目を集めた。

このころをピークとして、以降は認知件数、被害額ともに減少傾向が続いている。だが依然として被害額は年間２８０億円を超え、社会問題化した２００９年よりも高い水準で推移し２０２２年上半期は８年ぶりに増加に転じた。コロナ禍によって、高齢者の在宅率が高まるとともに、飲食店を中心にサービス業など幅広い業種で時短営業が要請されたことの影響もあり職を失った若年層が特殊詐欺に関与するようになった側面も、増加の一要因と考えられる。実際、公判供述で「コロナで仕事がなくなって、ツイッターで「高収入バイト」などと検索して、特殊詐欺の「仕事」をみつけた」と供述する被告もいた。

†オフィス型の拠点は減少

特殊詐欺の手口そのものは大きく変わっていないものの、ここ数年で大きく変わったのは、「組織内部の拠点」と「暴力団等の関与」だ。

順にみていきたい。

『老人喰い』の冒頭でも登場する、オフィスに拠点を構え、かけ子が集まって騙しの電話をかける方法はその後、激減していった。警察による一斉検挙が相次ぎ、組織が一網打尽にされ始めたからだ。現場から押収された携帯電話や通信記録、営業成績、使われていた名簿などから組織構造が暴かれ、芋づる式に逮捕者が相次いだ。

数年前には中国やタイなど東南アジアを中心に、かけ子の拠点が相次ぎ摘発され、複数の日本人が逮捕され、大量の電話やリストが押収されていった。共同通信が2019年9月19日に配信した「中国拠点の詐欺摘発　高齢者ら1・8億円被害」と題する記事によると、こうある。一部を容疑者氏名を「男」に匿名化して紹介する。

「警視庁捜査2課は19日までに、中国・吉林省の延吉市を拠点として日本の高齢者を狙った特殊詐欺組織を摘発した。詐欺の疑いで幹部とみられる男（44）ら十数人を逮捕した。組織は中国人の男が首謀者で、50人ほどで構成。被害は2017年5月～18年12月で計約1億8000万円に上るとみて裏付けを進める」

「捜査関係者によると、組織は複数のマンションの部屋にアジトを設け、詐欺電話をかける「かけ子」を1、2人の少人数で滞在させていた。多くの日本人が同じ部屋に出入りし、周辺住民に通報されて摘発されるのを警戒したとみられる」

「男は、かけ子に報酬を渡す管理役で、16年11月ごろから10回ほど中国に渡航。中国人の男は延吉市に土地勘があったといい、同国内に潜伏しているとみられる」

「捜査2課は17日、中国から帰国した男を福岡空港で逮捕。逮捕容疑は共謀の上、昨年3月、全国銀行協会職員などに成り済まし、名古屋市の70代女性に「カードが不正利用されそうになり更新する必要がある」などと電話をし、キャッシュカード3枚をだまし取った疑い。口座から約150万円が引き出されていた。男は「身に覚えがない」と容疑を否認している」

こうした拠点を設けること自体が摘発のリスクとなり、さらに一網打尽にされた際には記録が押収されることで逮捕者が続出する。組織の最上層部にまで捜査の手が延びる可能性もあることから、組織側が拠点を設けなくなったと推測できる。統計上も認知・検挙件数から変化がみて取れる。

警察庁の資料「令和3年における特殊詐欺の認知・検挙状況等について」によると、欺《ぎ》罔《もう》電話発信地等の「犯行拠点」の摘発件数は、2017年に68件あったが、年々減少し、2021年は23件だった。同年における「拠点」の内実で最も多かったのが賃貸マンション（9件）で、次いでホテル（5件）、アパート（3件）、車両内（2件）と続く。

本書の第一章でも登場したように、かけ子の拠点に「車両内」が使われていることが分かっている。車で移動し続けながら詐欺の電話をかける手法だ。

†かけ子の追跡

かけ子を逮捕するには、詐欺の電話がかかってきた家の着信履歴データと、その発信データを追跡することで突き止める、いわゆる「逆探知」の手法がとられる。

携帯電話の場合、電波が発せられる場所から基地局を突き止め、追っていくことになる。ところが発信地点が移動し続けてしまうと、携帯電話の所在を突き止めることは現実的にとても難しい。かけ子がどこにいるのか、追い切れないからだ。場所を特定したときには既にそこにいないことになる。仮に特定の携帯電話機と、そのSIMカードを突き止めたとしても、その詐欺の電話をかけたのが誰なのかを特定するのも容易ではない。そもそも他人名義の飛ばし携帯が使用されているケースが大半であるし、ここ数年は、発信地をたどることがむずかしいIP電話が使われる事案も少なくない。「０５０」で始まるこの通話システムは、ネット上で何度も簡単に電話番号を変えることができてしまう。誰が、いつ、どこから詐欺の電話をかけたのか、絞り込むことは一層困難を極めることになる。

かけ子をやっていた男は「ＳＩＭカードも、携帯電話も頻繁に川に捨てていました」と言っていた。

一見完璧な「移動式」だが、デメリットも大きい。組織側にとってコストがかさむ。ガソリン代から高速道路料金、かけ子が泊まるホテル代など積み上げれば数十万円はあっという間だ。実際に詐欺が成功するかどうかにかかわらず、こうした経費はかかっていく。

さらに、かけ子（プレーヤー）側にとっても、常に移動しているのは体力的に厳しい。宿泊はビジネスホテルが使われるというが、全国各地へ連日、車で移動し続け、その乗車中に電話をかけ続けるのは大変な作業だろう。時間を決めて、運転とかけ子を交代していくそうだが、長距離運転は身に堪える。この移動式をやったことのある男は言っていた。

「きっついんすよ。もうやらない（笑）」と。

†犯行の単独化

一方で最近、摘発事例が散見されるのが、スタンドアローンとも言うべきか、かけ子が単独で騙しの電話をかけるケースだ。場所はラブホテルやビジネスホテル、カラオケ店、短期契約マンション、車の中が多いという。

かつてと異なるのは、その場に統括役がいない「単独」という点だ。テレグラムやシグナルといった秘匿性の高い通信アプリを使って、指示役からかけ子に、リストが送られる。黙々とマニュアルに従って騙しの電話をかける。実際に人と人との接触はなく、全てがデジタル上で、しかも自動的に消去されていく通信アプリの中で完結する。飛ばしの携帯電話や現金などの受け渡しは、証拠が残りにくい暗証番号式や二次元コード式のコインロッカーを介して行われる。

仮にこの男が逮捕されても、誰から指示を受けているのか、誰が受け子や出し子を担っているのか、被害金がどこからどこへ運ばれたか、などといった組織や犯行の全容についてはほぼ何も供述しようがないだろう。知らないのだから。

こうした単独型が摘発されたケースを神奈川新聞が2022年3月4日付21面で報じている。容疑者の名前を「男」と匿名にして紹介する。

「県警捜査2課と中原署は3日、詐欺と詐欺未遂の疑いで、男（38、別の詐欺容疑で逮捕）

を再逮捕した。県警は男が自宅を拠点に特殊詐欺のうその電話をかける「かけ子」役だったとみて調べる」

「再逮捕容疑は、氏名不詳者らと共謀して昨年5月17日、愛知県豊明市の80代の無職女性から現金500万円をだまし取った上、同18日には、この女性からさらに現金500万円を詐取しようとした、としている。県警は同容疑者の認否を明らかにしていない」

「県警によると、女性宅には事前に息子や仮想通貨取引業者の社員を装って「息子さんが仮想通貨でもうけた分の税金が未払い。500万円が必要」「業者の社員が取りに行く」などとうその電話があった」

「昨年3月、県警に特殊詐欺事件に関する情報提供があり、内偵捜査を進める中で男が浮上した。今年2月に県警が男の自宅を捜索し、スマートフォン数台などを押収。その後、名古屋市の70代女性から現金約150万円を詐取したとして男を詐欺容疑で逮捕していた。豊明市での事件の共犯として県警は3日、詐欺未遂の疑いで、別の男（32、詐欺容疑で逮捕）についても再逮捕した。男は現金回収役だったとみられる」

かけ子の摘発は、こうした特殊な発覚の端緒があって初めて成功するようだ。

†いたちごっこ

単独方式は摘発を一層難しくし、上層部への突き上げ捜査も難しく、完璧な手法にみえるが、そうでもない。かけ子を完全に支配下に置いている場合にしか実現できないからだ。提供したリストを持ち逃げされたり、別の組織に横流しされたりすれば、損失は小さくない。受け子や出し子で〝飛び〟を専門にやっていた男たちがいたのと同様、飛ばれるリスクが伴う。リストは、精度が高いほど高額で取引されているため、横流しや転売、持ち逃げされた際の損失は大きい。

また、スケジュール通りに騙しの電話を丹念にかけ続けてもらわなければ、「売上」（被害金）目標を達成できない。騙しの電話が刺さらなければ詐欺は始まらないからである。かけ子を完全に支配するには拠点型が最も効率的だが摘発と同時に組織が一網打尽にされるリスクが高い。一方で単独型は飛ばれるリスクや売上が落ちるリスクが付きまとう。

その中間を取ったのが「移動式」といったところだろうか。

このようにして、使われている騙しの方便は似たような類型が繰り返されているが、組織内部の構図や連絡方法、指示命令系統は、捜査手法の変化や、実際の摘発事例によって刻一刻と変化している。

†暴力団の関与

数年の変化のもう1つは、組織構造の中に暴力団構成員等が色濃く関与するようになったという点だ。NHKが「職業〝振り込め詐欺〟」で特殊詐欺を取り上げた2009年には、「暴力団」との関係はあまり登場しない。新書『職業〝振り込め詐欺〟』（NHKスペシャル「職業〝詐欺〟」取材班著、ディスカヴァー・トゥエンティワン）でも、冒頭に「特殊詐欺をやっている男」を紹介する人物として暴力団幹部が出てくるに過ぎない。

暴力団に詳しい捜査関係者は言う。

「暴力団は機敏に動く。非合法な方法で大きく稼げるものがあればどんどん参入してくる。特殊詐欺も当初は、大小、さまざまな独立した詐欺集団が雨後の竹の子のように乱立したが、その後、「儲かる」と分かった暴力団が関与するようになっていったようだ。その時期は定かではない。気付いたときには、多くの特殊詐欺事案に暴力団の影がちらつくようになっていた」

前述したところだが、かねてから法改正などによって暴力団の旧来の資金源が多数断たれ、稼ぎは薬物関連か詐欺が多くを占めるようになっていった。

捜査関係者は重ねる。

「特殊詐欺は、連絡手段に秘匿性の高い通信アプリを使うことで突き上げ捜査が難しくなっている。だが、その反面で、犯人中枢にとっても金を持ち逃げされるケースが常にある。そこで、持ち逃げを許さないようにしておかなければ特殊詐欺は「売上」が逸失してしまう。そこで、力を発揮するのが暴力団です。実際に、売上を持ち逃げした犯人が拉致・監禁の上、暴行されたケースもある。だが、被害届を出せない。自分も詐欺をやっているからです」

特殊詐欺の害悪は、こうして計り知れないところまで波及しているのだ。

†「啓発」の限界と奏功する「対策」

被害者の9割は60歳以上で、2022年に入ってからは70~80代より、60代の被害が拡大する傾向がある。これまで、「だまされないで!」とポスターやCM、防災無線放送などで繰り返し啓発が行われてきたが、その取り組みも空虚とさえ思えてくる。もちろん交通事故と同じように啓発は徹底して続けるべきだろう。だが、そうした呼びかけだけではゼロに向かわないということは統計資料が物語っている。NHKでは繰り返し『私はだまされない』という番組を放送し、最新の特殊詐欺の手口を紹介したり、被害事例の放送を入れている。それでも被害額は、増加に転じてしまっているのだ。

一方で金融機関やコンビニとの連携によって送金を食い止める〝水際対策〟は一定程度、効果を上げている。金融機関の職員やコンビニ店員による現場での阻止が奏功しているのだ。神奈川県内の2022年上半期（1〜6月）ベースでみると阻止件数は前年同期比約30％増の664件だった。これは増加傾向で、仮に1件当たりの被害が50万円だとすると、3億3200万円に相当し、全体の被害（同上半期で16億3600万円）と比較し決して小さくはない。

2　捉え方を見直さなければ

取材を進めて特に感じるのは、法改正の必要性だ。発生が警察庁に認識され20年近くを経て、凄まじい実害が発生し続けているにもかかわらず、いまなお厳罰化の法改正はなされていない。

†なぜ厳罰化されないのか

司法関係者によると、特殊詐欺の場合には裁判所が、その組織性や卑劣さ、過多な財産的被害を勘案して、通常の詐欺事件と比べて量刑が重く出される傾向にあるという。ただそれも、裁判官の酌量によるもので、法定刑を超える判決はできない。

詐欺は詐欺であって、「人を欺いて財物を交付させた者は、10年以下の懲役」（刑法第246条）である。下限は定められていない。財産犯は、生命、身体への侵害に比べて、回復困難とまではいえないため、傷害（15年以下の懲役又は50万円以下の罰金）や、下限が定められている強盗（5年以上の有期懲役）と比べて、軽い法定刑が定められているという特性もある。

この20年近く、絶えることなく続いていることや、社会に与える害悪の影響を踏まえれば、なぜ今まで「特殊詐欺」を類型化して厳罰化しなかったのか理解しがたい。

2003年から21年までの被害総額は5743億円に上る。NHKが特集を組んだ2009年には「被害総額1317億円」と報じたが、ざっとその4・3倍超に膨張している。この経済的損失は計り知れない。国民の私有財産が組織犯罪グループの巨大な資金源になっているのだ。被害金の大半は反社会的な組織へと流れ、その使途からさらに害悪は拡散していく。こうした資金の多くは、金融のデジタル化と高度化によって、仮想通貨などにも置き換えられていて、行方を追うことが一層困難になっている。

警察庁に、法改正について質問状を送ると、こう返答があった。

「警察庁では、特殊詐欺を撲滅するために、関係省庁と連携した法整備、取り締まり体制の整備、各種業界団体を巻き込んだ抑止対策等、様々な取り組みを講じてきた。例えば、特殊詐欺に関係する法整備として」として、以下の項目を挙げた。

○携帯電話不正利用防止法の制定

特殊詐欺に利用された携帯電話等について、事業者に対し、契約者の確認を求めることができ、契約者が事業者による本人確認に応じない場合、事業者は役務の提供を拒むことができるようにした。

○犯罪収益移転防止法による規制対象の追加

特殊詐欺に悪用されてきた電話転送サービスや暗号資産を扱う事業者を犯罪収益移転防止法の「特定事業者」とし、契約締結時に本人特定事項の確認等の取引時確認等を義務付けた。
○通信傍受の対象罪種の拡大
特殊詐欺については、犯罪者グループによって組織的に敢行されているものの、組織の中枢被疑者を検挙することが困難な状況に鑑み、組織的な詐欺についても通信傍受の対象とした。

また、警察庁は、法整備以外の対策としては、以下を例示した。
○犯行に利用された電話番号の利用停止
特殊詐欺に利用された電話番号のうち、固定電話番号は2020年9月から、050IP電話は2021年11月から、主要な電気通信事業者に利用停止要請を行うことによって利用が停止されることとした。
○指定暴力団の代表者等に対する損害賠償請求訴訟への支援
特殊詐欺に暴力団員の関与が明らかとなった場合には、指定暴力団の代表者等に対する損害賠償請求訴訟（暴対法第31条の2）による被害回復を念頭に、弁護士と連携するなど被害者支援を積極的に行う」

こうした対策強化を図っているところだが、刑法犯の詐欺罪について、特殊詐欺を類型化した改正や、特別法の創設はなされていない。

†詐欺だけにとどまらない被害

本書でも詳細に描いたところだが、「詐欺」とはいえ、その中には、やがて強盗を指示されて住宅に押し入り、家人にけがを負わせたり、追い詰められて殺人未遂事件を起こしたりするケースさえある。第三章では、被害金を持ち逃げして、追い詰められ強盗致傷事件へと発展したケースを紹介した。取材するほどに感じるのは、その悪質さと、果てしない害悪の拡散に特殊詐欺の本質があるという点だ。

加害者として関与するその多くは10代～20代。安直にツイッターで「闇バイト」「高収入」などと検索して犯罪者側に引き込まれるのが大半で、その入り口でさえ騙し文句で塗りこめられている。「簡単にすぐ現金が手に入ります」「1日3万円保証。10万円も可能」といった具合だ。現金欲しさの誘惑に駆られてダイレクトメッセージを送ってみると……。この先は本書で繰り返し書いてきた。

†啓発が必要なのは対若年層

　その意味で、高齢者へ「だまされないで」と啓発するのと同じように、むしろそれ以上に若年層への啓発が欠かせない。捜査関係者は「徹底的に末端を摘発する」と憤怒を込めて言う。逮捕されるのはいつも末端の若者たちだ。初犯でも悪質な場合は実刑判決を受ける。安易な気持ちで関与することの危険性を若者たちに伝える取り組みが強く求められる。「薬物に手を出すな！」と同様に、その危険性を教える必要がある。

　スマホを手にし始める中高生は、特殊詐欺で末端のリクルートに利用されているツイッターへも容易にアクセスできる年齢となる。ＳＮＳの適正な使い方とともに、特殊詐欺の入り口の気軽さと恐ろしさを啓発してしかるべきである。特殊詐欺の恐ろしさをひたすらしつこく書いた本書が、多くの中高生に読まれることを願ってやまない。

　被害を受けた高齢者に「騙されてしまった」という精神的屈辱を与えてしまう点も忘れてはいけない。騙されたと気付いても被害を申告しない高齢者もいる。逮捕した被疑者が自白し、その裏付け捜査で警察官が調べたところ、被害が発覚した事案もあった。

ていい。

†捜査手法多様化の壁

こうした状況を踏まえれば、法改正による厳罰化に加え、捜査手法の多様化も検討されていい。

薬物事案では、コントロールド・デリバリーといって、「泳がせ捜査」が認められている。例えば、横浜港の税関検査で覚醒剤が見つかったとする。ここで「発見！　押収！」とすれば、当該覚醒剤の拡散を防ぎ、輸入した犯人にブツが渡らないことによって損害を与えることはできるだろう。しかしそれだけだ。誰も逮捕できず、組織の壊滅などにはほど遠い。

そこで、この覚醒剤を小麦粉などと入れ替えて、宛名書き通りの所へ発送する。合法なものに入れ替えるのを「クリーン・コントロールド・デリバリー」といい、違法なものをそのまま泳がせるのを「ライブ・コントロールド・デリバリー」という。捜査員が荷物の行方を追い続ける。輸送業者が宛名の住所へ届けて、それを引き受ける人物を検挙する。このようにして、薬物の流入を防ぎつつ、関係者を逮捕している。

この方法で直近では、2021年11月、警視庁などが覚醒剤取締法違反（営利目的輸入）の疑いで男らを逮捕したケースがある。押収した覚醒剤は約15キロに上り末端価格は9億円相当だった。流通ルートの解明や、組織全体の摘発に結び付けようとしている。ただこの方法は麻薬特例法第4条で特に規定しているもので、特段の規定がなければ合法的にはできないと解されている。犯罪を誘発する行為を捜査機関側が行うことになってしまうためだ。

特殊詐欺の場合、「騙されたふり作戦」が似たようなものとして考えられる。騙されていることに気付いた高齢者が、そのことをかけ子に明かさず、いったん電話を切って、警察に通報。騙され続けていると思わせて、その間に捜査員が自宅周辺を固める。受け子としてやってきた男を「詐欺未遂」で逮捕するという事案だ。本書では、鴻上が少年のころこの手法で逮捕され、不起訴になった。だが、特殊詐欺に詳しい捜査関係者は言う。

「これでは「詐欺未遂罪」でしか送検できない。被害がまだ発生していないので、刑は当然軽くなる。被疑者がその事案しか供述しなければ、不起訴になる場合も少なくない」

これでは組織の全容を暴くことにはつながらない。

では、騙されたふりを続けて、現金を取らせ、受け子がどこへ行くか追跡してはどうか。あるいは、その現金を追跡して、回収役からさらにその上層部まで迫ることはできないのか。そう聞くと、捜査関係者は表情を曇らせて言った。

「そりゃもう、警察官が犯罪に加担しちゃっていますよ。偽札を掴ませればいいって？偽札の製造は犯罪ですよ。警察官が違法行為を行うわけにはいかないのです。たとえそれが犯人逮捕のためであっても、それは全て「違法収集証拠」であって裁判で使えない。裁判で使えない証拠は「存在しない」のと同じです。結局、法改正がないと、そういうことはできない」

3 社会構造が生み出す犯罪

特殊詐欺の取材を進めるほどに分かってきたもうひとつの特徴は、これが日本社会の構図によって被害が生じやすくなっているという点だ。

日本の家計の金融資産約2000兆円の約7割を世帯主が60歳以上の世帯が保有し、資産の内訳は現金と預金がその半分を占めている。

†富める高齢者

総務省統計局の「家計調査報告（貯蓄・負債編）2021年（二人以上の世帯）」によると、「純貯蓄額」（貯蓄現在高から負債現在高を差し引いた額）は、60～69歳の層が2323万円と最も多く、次いで70歳以上が2318万円となっている。負債額が最も多いのは40歳未満の世帯となっている。

現役時代には住宅ローンを中心に借金して生活を営み、退職金でローンを完済して、負債が一気に減り貯蓄が増える。だから60歳以上になると負債が激減し、貯蓄残高が急増するという全体的な動きになる。

つまり、豊かな高齢者がその資産を現金や預金で持っていて、その高齢層の人口が増えている。被害に遭う可能性の高い人口が多くの資産を持ち、その数が当面は増えていく構図にあると言える。

†貧困の若年層

一方、検挙された方はどうか。警察庁の犯罪白書（2021年版）によると、特殊詐欺で立件されたその約7割は30歳未満が占めている。少年は全体の18・2％に上る。

若年層が、豊かな高齢層の財産を収奪している構図がみえてくる。

金融広報中央委員会の「家計の金融行動に関する世論調査　令和3年版」によると、年間手取り収入（臨時収入を含む）からの貯蓄割合は、20歳代の単身世帯では平均20％、2人以上世帯では平均17％だった。ただ、「貯蓄しなかった」は単身世帯が25・6％、2人以上世帯は24・3％と、20代の約4分の1は「貯蓄できていない」ことが分かる。

経済的な格差の拡大が加速し、若年層ほど生活の困窮にあえいでいる。そうした格差社会のありようが、特殊詐欺を背後から支えているといえる。

厚生労働省の「国民生活基礎調査」によると、世帯年収を低い順に並べたとき中央に位置する「中央値」は、ピーク時の1996年の約550万円と比べ2019年は約20％も下落し437万円となっている。現役世代の収入がひどく落ち込み、貯蓄ができない世帯も増えている。そうした家庭、社会で育った若年層が、どう生きていくか。食っていくための収入源として何を選択していくか。指の間からこぼれ落ち、すり抜けるようにして犯罪に手を染める若者をどうすれば減らせるだろうか。

2021年に発生した特殊詐欺の1日あたりの平均被害額は、約7730万円に上る。たった1日で、である。

「特殊詐欺」をどう捉え、どう対峙していくのか。そのテーマの内実は重く、そして暗い。

おわりに

２０２１年１月から司法担当記者となり、「事件の結末」を取材するようになった。めぼしい公判があると傍聴し被告人の声に耳を傾け、気になる事件は現場に足を運んだ。事件はまさに社会の縮図であり、刑事裁判は人々にとって「良くない出来事」の最終局面である。

日々行われている刑事事件を並べ立てて俯瞰すると、一見して頻発していると分かる罪がある。道路交通法違反、薬物関連の事案、わいせつ事件、傷害、暴行、強盗、恐喝……。そして、詐欺。特殊詐欺の場合、罪名は「詐欺」だけでなく、「窃盗」や「電子計算機使用詐欺」などで逮捕、起訴される場合もある。

オレオレ詐欺や振り込め詐欺はかねて大きな社会問題になっていて、知らない人はこの日本におよそいないだろう。「だまされないで」という啓発コピーは「またか」と感じるくらいに十数年も繰り返し聞き続けている。それでも日々、詐欺事件は発生し続けている。そのあまりの多さに、私の所属する神奈川新聞では2022年4月から、掲載する発生事案の被害額の基準を、それまで100万円以上だったものを、1000万円以上に引き上げた。記事の執筆、チェック、掲載に困るほど頻発しているのだ。

そして何より胸をざわつかせたのは、公判で証言台に立つのはいつも若者で、いわゆる犯罪の「末端」の役割をあてがわれた者たちだった。20代が最も多く、10代の少年も少なくない。犯罪に手を染めるきっかけは、あまりにも気軽なものばかりだった。

取材を進めると、その蟻地獄、底なし沼のような組織犯罪の恐ろしさを知った。やめたいと言ったところでやめさせてもらえない。脅され、追い詰められ、殺すとまで言い放たれ、多様な凶悪犯罪へと発展していく恐怖の構図。

これは、伝えなければならない。そう直感した。特に若者に。

†自動録音機の配備

より実際的な対策手法としては、電話機に自動録音機能を備え付ける方策がある。

2022年1月の事案で、オレオレ詐欺の電話が高齢女性宅に入った。女性宅には「新型自動通話録音機」が設置されていた。これは、特殊詐欺被害を防ごうと東京・品川区が区内の警察署やNTTと協力して、21年8月から試験導入した機器だった。AI（人工知能）を駆使した装置で、特殊詐欺の疑いが強い電話がかかってくると自動的に検知するという。全ての着信、通話を録音し、そのデータが転送されAIが解析する仕組みだという。事前登録した親族や区の担当部署に注意喚起のメールが自動的に送られ、個々に判断し110番通報につなげる。22年1月のケースでは、このメールを元に区役所の担当者が警察に通報、現金を受け取りに来た14歳の少年を警視庁の署員が逮捕したという。

自動的に録音することを通話の前に通告する機能だけでも阻止効果があるとされ、東京都は都内の区市町村に自動通話録音機の購入補助事業を実施してきた。警察庁も、全国の自治体と連携し自動通話録音機の普及活動を推進していて、全国で約26万台を確保したという。

†じかに声かけを

騙された高齢者の胸の内を思うと、胸が締め付けられる。その金は老後の蓄えであったり、長年にわたる蓄財であったり、長く生活を共にした伴侶からの遺産だったりする。親族からは「何やっているの！　あれほど騙されないでって言ったのに」などと責め立てられることもあるだろう。そう想像するだけで胸が苦しくなる。全ての人が高齢者となり、人生の終末に向けて、余暇を過ごす。願わくば穏やかでありたい。そうした生活の中で、社会の出来事に疎くなり、判断能力が鈍くなることもあるだろう。圧倒的に家で過ごす時間が増えることも、高齢層が被害者の多くを占める要因の1つだ。

そうした、人の人生の最後を汚し、踏みつけにして唾棄するような卑劣な犯罪、それが特殊詐欺だと言っていい。

取材を重ねてさまざまなことを考えたが、その1つとして、特殊詐欺を防止する具体的な方法を提案したい。それは、親族が頻繁に電話をかけることだ。恥ずかしがって「オレオレ」などと言わないこと。まず自分の名前を言うこと。特に話題がなくても「元気かな、と思って」でいい。

なぜそんなことをする必要があるかと言えば、それは、高齢者の親族にとって、その資産はやがて相続する自分の資産だからだ。騙し取られるのが自分の金だと思えば、たまの連絡など、大した手間ではないだろう。というのはあまりにも打算な発想ではあるが、こまめな会話こそが被害を防止することになるのは間違いない。近況を交わし合っていれば、詐欺の電話に対し違和を感じ気付く可能性は低くない。

合わせて、強く呼びかけたいのは若年層への啓発だ。

特殊詐欺事案で検挙される約7割は30歳未満の若年層で、全体の2割近くは10代の少年となっている。中には中学生が受け子として逮捕された事案も出ている。警察庁の統計によると2021年の少年の検挙人員（433人）のうち77・1％が受け子で、組織犯罪の末端を若年層、しかも10代が背負っている構図が浮かび上がる。

中高生の多くがスマホを手にするようになって久しい。ツイッターやインスタグラムといったSNSを多くの10代が使いこなし、友人との交流や情報収集に日夜いそしんでいる。他のユーザーが書き込んだ内容が示されるタイムラインには、「手軽に稼げます！」「現金の回収業務、1日10万円も可能」といった字句も流れてくる。

どうしても欲しいものがあるが小遣いが足りない……、手っ取り早く稼ぐにはグレーバイトでも仕方ない……などと気軽に検索して遭遇してしまうのが、特殊詐欺の担い手をリクルートする入口であることは、本書で繰り返し紹介してきた。

簡単に高収入が得られる、という魅力的な誘い文句には、必ずと言っていいほど危険なウラがある。本書で克明に描いたのはその「ウラ」の恐ろしさである。若年層の子どもや身内には、SNSを通じて簡単に犯罪の加害者側に至ってしまう危険性をしつこいほど伝えてもらいたい。恐ろしい入り口に足を踏み入れる前にその危険性に気付き踏みとどまることができれば、担い手が枯渇し、被害もまた減っていくに違いない。

＊

本書は2021年6月から22年8月にかけて神奈川新聞に執筆、掲載した連載「トクサギⅠ〜Ⅲ」を基に加筆、修正、追加取材し、テーマを増補し再構成したものです。

発刊に当たっては、「出どころを言うんじゃねぇぞ」などと睨みをきかせた上で、特殊詐欺捜査の現状を明かしてくれた捜査関係者や、実際に特殊詐欺の実行犯を担った人物、さらに刑事訴訟の関係者など、数多くの方々から情報をいただくことで、ここまでこぎ着けることができた。深くお礼を申し上げたい。また、書籍化の企画を快諾し、応援してくれた神奈川新聞社の寛大で自由な気風のありようにも心から謝辞を表したい。今後もそうした社風であり続けることを切に願う。

個々の連載が新聞掲載される段階では担当した報道部の石尾正大デスクに大いに勇気づけられた。本書と同様、新聞掲載時もルポルタージュの手法を使った新しい筆致の連載で、その書きぶりは新聞記事にはあまり見かけないものだった。しかしそうした目新しさも含め好感し、端的に「とても面白い」と即答してくれ、また細部にわたり私の至らない原稿を磨き上げてくれた。連載の紙面展開を即諾し、後押ししてくれた香川直幹報道部長に深謝いたします。

1つの企画、1つの連載、そして1冊の書籍が世に登場するには、想像以上に多くの方々の力添えがあって結実するのだと改めて実感し、胸を熱くしているところです。怠惰で遅筆な私を刊行まで導いてくれた筑摩書房の伊藤笑子さんに万謝します。

二〇二二年一〇月某日

田崎　基

参考文献

NHKスペシャル「職業〝詐欺〟」取材班『職業〝振り込め詐欺〟』（2009年、ディスカヴァー・トゥエンティワン）
鈴木大介『老人喰い――高齢者を狙う詐欺の正体』（2015年、筑摩書房）
溝口敦、鈴木智彦『教養としてのヤクザ』（2019年、小学館）
法務省法務総合研究所編『令和3年版 犯罪白書――詐欺事犯者の実態と処遇』（2022年、日経印刷）
警察庁組織犯罪対策部「令和3年における 組織犯罪の情勢」（2022年、警察庁）

ちくま新書
1691

ルポ　特殊詐欺《とくしゅさぎ》

二〇二二年一一月一〇日　第一刷発行
二〇二三年三月一五日　第二刷発行

著者　田崎　基（たさき・もとい）
発行者　喜入冬子
発行所　株式会社　筑摩書房
東京都台東区蔵前二-五-三　郵便番号一一一-八七五五
電話番号〇三-五六八七-二六〇一（代表）
装幀者　間村俊一
印刷・製本　三松堂印刷　株式会社

本書をコピー、スキャニング等の方法により無許諾で複製することは、法令に規定された場合を除いて禁止されています。請負業者等の第三者によるデジタル化は一切認められていませんので、ご注意ください。
乱丁・落丁本の場合は、送料小社負担でお取り替えいたします。
© TASAKI Motoi 2022　Printed in Japan
ISBN978-4-480-07515-4 C0236

ちくま新書

1488
令和日本の敗戦
――虚構の経済と蹂躙の政治を暴く
田崎基
安倍長期政権の末路ここにあり。崩壊寸前のこの国はやがて「令和の敗戦」を迎える。経済政策の虚構、疲弊する労働者、権力の暴走と欺瞞を気鋭の記者が迫真ルポ。

1108
老人喰い
――高齢者を狙う詐欺の正体
鈴木大介
オレオレ詐欺、騙り調査、やられ名簿……。平均貯蓄額2000万円の高齢者を狙った、「老人喰い＝特殊詐欺犯罪」の知られざる正体に迫る！

1521
ルポ 入管
――絶望の外国人収容施設
平野雄吾
「お前らを日本から追い出すために入管（ここ）があるんだ」。密室で繰り広げられる暴行、監禁、医療放置――。巨大化する国家組織の知られざる実態。

1434
ルポ 平成ネット犯罪
渋井哲也
出会い系、自殺系、裏サイト、闇サイトを舞台にした売春、ドラッグ、自殺、いじめ……。リアル世界に飛び出したネット事件を歩き、バーチャル空間の功罪を探る。

1496
ルポ 技能実習生
澤田晃宏
どのように日本へやってきたか。なぜ失踪者が出るのか。働く彼らの夢や目標と帰国後の生活とは。国際的な人材獲得合戦を取材して、見えてきた労働市場の真実。

1623
地方メディアの逆襲
松本創
東京に集中する大手メディアには見過ごされがちな問題を丹念に取材する地方紙、地方テレビ局。彼らはいかに現場と読者に向き合っているのか。当事者の声を届ける。

1654
裏横浜
――グレーな世界とその痕跡
八木澤高明
オシャレで洗練され都会的なイメージがある横浜。しかし、その背景には猥雑で混沌とした一面がある。欲望、野心、下心の吹き溜まりだった街の過去をさらけ出す。